A arte de fazê-los comer

CONFORME ACORDO
ORTOGRÁFICO DA LÍNGUA
PORTUGUESA (AOLP)

Dados Internacionais de Catalogação na Publicação (CIP)
(Câmara Brasileira do Livro, SP, Brasil)

Rosas, María
A arte de fazê-los comer/María Rosas;
tradução All Tasks. -- São Paulo: Cengage Learning,
2009. -- (Coleção aprender para crescer)
Título original: El arte de hacerlos comer

Bibliografia
ISBN 978-85-221-0751-3

1. Crianças - Criação 2. Crianças - Desenvolvimento
3. Crianças - Nutrição 4. Pediatria 5. Puericultura
I. Título. II. Série.

09-03938 CDD-649.3

Índice para catálogo sistemático:

1. Crianças: Alimentação e desenvolvimento: Puericultura
649.3

A arte de fazê-los comer

María Rosas

Tradução
All Tasks

CENGAGE Learning™

Austrália • Brasil • Japão • Coreia • México • Cingapura • Espanha • Reino Unido • Estados Unidos

CENGAGE Learning™

A arte de fazê-los comer
María Rosas

Gerente Editorial:
Patricia La Rosa

Editora de Desenvolvimento:
Fernanda Batista dos Santos

Supervisora de Produção Editorial:
Fabiana Alencar Albuquerque

Produtora Editorial:
Gisela Carnicelli

Título Original: El arte de hacerlos comer
(ISBN-13: 978-970-830-069-8;
ISBN-10: 970-830-069-1)

Tradução:
All Tasks

Copidesque:
Arte da Palavra

Revisão:
Raquel Maygton Vicentini
Iara Arakaki Ramos

Diagramação:
Alfredo Carracedo Castillo

Capa:
Souto Crescimento de Marca

Para informações sobre nossos produtos, entre em contato pelo telefone
0800 11 19 39
Para permissão de uso de material desta obra, envie seu pedido para
direitosautorais@cengage.com

ISBN-13: 978-85-221-0751-3
ISBN-10: 85-221-0751-3

Cengage Learning
Condomínio E-Business Park
Rua Werner Siemens, 111 – Prédio 20
Espaço 04 – Lapa de Baixo
CEP 05069-900 – São Paulo – SP
Tel.: (11) 3665-9900 – Fax: (11) 3665-9901
SAC: 0800 11 19 39

Para suas soluções de curso e aprendizado, visite **www.cengage.com.br**

Impresso no Brasil.
Printed in Brazil.
1 2 3 4 5 6 7   13 12 11 10

Dedicatória

A Leticia Marván, mulher e amiga profundamente comprometida com todos aqueles que a rodeavam, mas, em particular, com a nutrição e suas vicissitudes.
Leticia, obrigada por ter partilhado comigo cafés, assessorias nutricionais, experiências e, mais do que tudo, sua amizade.

Sumário

Apresentação da coleção Aprender para Crescer

Lembro-me perfeitamente de quando resolvi passar para o papel tudo o que sabia, ou pensava saber, sobre a formação e a educação dos filhos. Os meus, para começar, como início exploratório, sem dúvida constituiriam uma base exemplar. E por que não, se eu lidava diariamente com as essências mais puras referentes aos temas que preocupam a maioria dos pais, se eu havia vivido e continuava a experimentar em todo seu esplendor e dor os matizes da maternidade, se reconhecia na imagem que o espelho revela uma mulher dedicada à superação e à felicidade de seus filhos? Não estava totalmente errada, porém, ao suspirar sobre o respaldo de minha cadeira cúmplice e, depois de meses sem esticar as pernas, compreendi que os filhos da minha narrativa haviam criado um tecido indestrutível entre meus sentimentos e minha realidade como mãe. Foi ao ler, perguntar, acomodar, suprimir e reconhecer que alcancei a imensidão do entendimento: são os filhos que nos carregam de energia para levá-los e trazê-los; são os filhos que projetam metas pessoais ao descobrir o mundo por meio dos nossos passos; são eles que nos abraçam nas noites mais confusas e solitárias; são nossos filhos que traçam, com invejável precisão, a bússola da união familiar. É claro que, como pais, nós nos graduamos com eles, mas também é verdade que o manual de convivência, desenvolvimento e harmonia é redigido em conjunto com os filhos, como um núcleo. Por isso compartilho esta coleção, *Aprender para crescer*, com todos os pais que dividem seus horários entre visitas ao pediatra e partidas de futebol e também a todas as mães que compreendem os carinhos e laços invisíveis – inclusive os da alma. Este compêndio de experiências, testemunhos, confissões e recomendações enaltece as vozes dos especialistas, orientadores, professores, mães e pais que provêm curiosamente de diversos caminhos, mas, porque traçam a vida assim, estão entre cruzes e sob pontes para tomarem fôlego e estenderem a mão. Que este seja o propósito de nossa paternidade: segurar com disciplina, amor, diversão, cautela e liberdade as mãos de nossos filhos e permitir que continuem caminhando para serem não apenas os melhores exemplos, mas também sólidos e eternos encontros.

A arte de fazê-los comer brinca – como fazem as crianças na hora da alimentação – enquanto ensina os pais a encarar a atividade da alimentação com senso de humor e praticidade. Por que será que seu filho não quer comer? Conheçamos seus gostos, mas, sobretudo, respeitemos sua liberdade de provar e crescer rodeado de sabores, texturas e cores que darão impulso ao seu desenvolvimento e nos farão desejar passar mais tempo na cozinha.

Introdução

A alimentação dos filhos é uma das principais preocupações dos pais, especialmente nos dias atuais, em que muitos de nós temos informações que nos alertam sobre quanto certos produtos podem ser nocivos. Somado a isso, muitas crianças de hoje passam horas sentadas em frente à televisão ou jogando *videogame*, fazem pouco exercício físico e são viciadas em *junk food*.

Nesta obra estão presentes inúmeros testemunhos de pais: sugestões, problemas e a forma como encaram o dilema cotidiano da hora da refeição. Também está presente o ponto de vista de nutricionistas, pediatras e outros especialistas.

O livro não é um tratado sobre alimentação, mas sim uma compilação de como algumas mães, que geralmente se encarregam da alimentação familiar, têm tirado proveito das situações que enfrentam quando os filhos se sentam à mesa.

Decidimos o que queremos que nossos filhos comam, tratamos de impor a eles os bons hábitos alimentares e abastecemos nossas geladeiras e armários com comida nutritiva. Contudo, são elas, as crianças, que decidem quanto e como desejam comer.

Quando me interei dos novos enfoques da nutrição familiar e da responsabilidade que nossos filhos devem ter com a forma como se alimentam, pareceu-me muito arriscado deixar aos pequenos essa grande tarefa. Mas muitas mães têm comprovado que realmente funciona.

Na alimentação, como nos diferentes aspectos que implicam a educação infantil, as chaves do êxito apoiam-se no exemplo, em primeiro lugar, e no respeito e na confiança na criança.

Se quisermos que as crianças comam bem, devemos deixar que decidam quando vão comer, e fazer que as horas de se sentar à mesa sejam momentos para conviver e conversar, não para discutir, chamar a atenção ou pressionar para que comam de acordo com nossas pautas tradicionais.

1

O significado da alimentação

"Mamãe, por que na casa da minha amiga Ana Paula eles rezam antes de comer?", perguntou-me Lucía, minha filha. Desde esse dia não parei de pensar no tema. Certamente, no caso de sua amiga, comer se trata de um ritual religioso, mas, ao perguntar a uma das especialistas em nutrição com quem conversei para escrever este livro sobre a importância do ritual alimentar, ela respondeu que todos, não somente como um ato religioso, deveríamos agradecer pelos alimentos.

"Talvez bendizendo os alimentos", ressaltou, "as horas das refeições deixariam de ser arenas de boxe entre pais e filhos, e a família acolheria esse momento para trocar vivências, planos e conversas agradáveis."

Há mães que sabem quantas calorias e proteínas seu filho deve consumir a cada dia

Essa resposta me orientou acerca da importância de abordar o tema da alimentação infantil, não do ponto de vista nutricional, mas sim para destacar tanto o que nós, pais, fazemos com os pequenos quando nos sentamos à mesa para comer, como as recomendações dos especialistas para que as crianças comam bem.

Sou a primeira a me apontar: diariamente repito a Lucía, pelo menos seis vezes, que termine a comida. Ela suplica, com cara de "não aguento mais", que não lhe obrigue a comer um pouco mais. Houve vezes nas quais, 20 minutos depois de ter levantado da mesa, minha filha ainda estava mastigando a carne.

Essa história lhe parece familiar? É claro. As repreensões, ameaças e lágrimas aparecem de imediato. "Você vai ficar pequenina e fraquinha. Além disso, veja sua cor, está pálida." O pior é que Lucía acredita, corre ao espelho para se ver, volta chorando e me pergunta: "Se não comer, vou ficar assim?" Respondo que não é verdade o que disse, mas que é preferível que coma.

Guillermo, meu esposo, contribui subornando a menina: "Se você comer toda a carne e um pouco da salada, compro o que quiser".

A menina não é temperamental, embora devo reconhecer que é um tanto "resmungona"; entretanto, é evidente que estava satisfeita. Seu estômago e o nosso não têm o mesmo tamanho, e é absurdo servir porções de um adulto para uma menina de 9 anos. Colocado assim soa muito lógico, mas quando nos sentamos à mesa e vemos que o prato de sopa não acaba, começa a angústia, até que surgem as primeiras repreensões, que acabam com a tranquilidade à hora da refeição.

Como pais atualizados e preocupados com o desenvolvimento integral e equilibrado de nossos filhos, certamente temos lido livros sobre autoestima, desenvolvimento das crianças, educação infantil e, possivelmente, também buscamos nas estantes mais escondidas das livrarias a última novidade em nutrição familiar.

Existem mães que sabem quantas calorias e proteínas seu filho deve consumir a cada dia, e outras que exercem um controle rigoroso sobre tudo o que se pareça com balas, *junk food* etc. Isso significa que oferecemos uma boa alimentação a nossos filhos? É realmente importante contar os carboidratos, as vitaminas e os minerais que devem consumir? Vale a pena impedi-los de comer alguns doces?

> *As sensações de prazer que acompanham os atos da alimentação contribuirão para a construção da esfera emotiva da criança.*
>
> PIAGET

Patricia Rosen, mãe de Jorge, de 11 anos, e Sandra, de 7, lembra que, quando o menino ainda não tinha completado 1 ano, já lhe atormentava a ideia de que ele estivesse mal alimentado. Deu a ele leite materno durante sete meses, comprava as frutas e verduras mais frescas para preparar papinhas, adquiria cereais exóticos nas lojas naturistas para oferecer ao filho o que havia de mais saudável. Contava as porções exatas de que o menino necessitava de acordo com seu tamanho e peso.

Um dia, levou-o ao pediatra e o médico pediu um exame de sangue porque o pequeno estava muito pálido. O diagnóstico clínico se confirmou: Jorge tinha princípios de anemia.

> *Caso se considere o efeito tão profundo e duradouro que tem a aprendizagem durante a infância, ver-se-á a necessidade de formar hábitos alimentares positivos e que beneficiem as crianças ao longo de sua vida.*
>
> Plazas

Desde esse dia, com uma imensa culpa nas costas, Patricia decidiu deixar de seguir as instruções dos livros e orientar-se por sua intuição e pelo que o menino pedia, sempre de acordo com certas pautas que todos conhecemos para gozar de uma boa alimentação.

"Com Sandra não cometi o mesmo erro e a menina está magra e saudável", comenta.

Ainda que pareça incrível, está confirmado que um dos sentimentos mais importantes que regem nossos padrões de conduta é o que se refere à comida. Realmente, há um ditado que todos nós conhecemos: "Somos o que comemos".

Cada pessoa percebe a comida e a ação de comer de maneira distinta. Há adultos que desfrutam plenamente dos alimentos; outros comem porque têm que comer; também há aqueles que comem com muita má vontade e, se pudessem, apagariam de suas vidas as horas dedicadas a isso.

O que quero destacar é que transmitimos todas essas atitudes a nossos filhos, de forma que sua percepção da alimentação vem de nós, seus pais.

Venho de uma família em que a mãe não era a cozinheira mais refinada do mundo. Comíamos pratinhos simples e nutritivos: macarrão, sopa, arroz, salada e carne, frango ou peito de aves, e bebíamos suco de fruta. Nunca havia refrigerantes na geladeira.

A hora da alimentação era muito agradável e creio que por isso minha casa era um ímã para os amigos de todos os meus irmãos. Sempre havia dois ou três meninos a mais comendo em casa.

Por quê? Porque sentar-se à mesa constituía um ritual divertido, sem brigas e sem uma mão que obrigava a comer tudo o que não queríamos. Estava proibido discutir e sempre havia uma colher de pau por perto como o melhor antídoto contra as rivalidades.

Em muitos fins de semana, inclusive semanas inteiras, por alguma razão, de que não me lembro, devíamos ficar na casa de nossa avó: ela sim nos obrigava a comer tudo.

"Sinto muito, filhinha, mas até que termine a aveia não pode levantar da mesa", dizia.

É evidente que cresci odiando aveia. Mas, mais que o mal-estar em relação a um pratinho, o que me incomodava era a luta em que isso resultava: "Eu mando, eu decido quando está satisfeita, eu determino em que momento você levanta da mesa", parecia pensar minha avó.

Apesar desses maus momentos nutricionais, em geral minha relação com a comida foi melhorando à medida que a idade foi passando. Que bom que foi assim, porque tenho tratado de transmitir a Daniel e Lucía que comer é um prazer.

Isso não significa que não tenha cometido mil e um equívocos a respeito da nutrição de meus filhos; ainda mais: reconheço que às vezes me tira o sono o fato de que Lucía, ainda que não despreze a comida, não coma em abundância. O que mais pode querer uma mãe que se vangloriar de uma criança que come bem e prova de tudo?

A obsessão pelo peso

Durante muitos anos, diversos personagens, médicos, familiares etc. fizeram os pais acreditarem que uma criança "gordinha" equivalia a uma criança saudável. Com esse conceito, milhares de mães se vangloriavam com alegria de seus bebês acima do peso, e, aquelas que tinham filhos magros, melhor que não saíssem à rua: tornavam-se o assunto das demais. Hoje, apesar de já ter acabado o mito da criança obesa como sinônimo de criança saudável, temos convertido o peso e a altura dos filhos em uma prova a mais de nossa capacidade como mães. Quantas de nós não caímos no jogo de sentir que ganhamos uma medalha a cada vez que o pediatra diz que a criança cresce de forma adequada?

Georgina Bracho, dona de uma escola especializada que oferece o programa de estimulação precoce, assinala que uma das preocupações das mães que frequentam a academia com seus filhos é o crescimento deles.

"Comparam tamanhos e pesos o tempo todo. Pode-se ouvi-las competir pelos tipos de alimentos que seu bebê já come, a maneira como ganha peso... inclusive pelos quilos que elas engordaram durante a gravidez. É absurdo, mas é assim", afirma a terapeuta.

Para muitos pais, o peso e o tamanho dos filhos é uma carga pesada que nos levou a transformar as horas das refeições em momentos difíceis da relação com as crianças.

"Para não brigar com Emilio, prefiro sair da cozinha quando está comendo. Assim, não tenho que escutar suas queixas por causa da comida, nem tenho de vê-lo brincar com os talheres", comenta Amalia Rodríguez, mãe de duas crianças.

"Não pode imaginar quanto é difícil pedir à minha filha que coma. Já não sei que truques e artimanhas usar para que aceite as verduras. Seu pediatra me pediu, por favor, que a deixasse em paz, mas é desesperador ver que não come", conta Rosaura Calvo, mãe de Mariana, de 9 anos.

De acordo com a especialista em nutrição Kati Szamos, autora do livro *Nutrición infantil. Como lograr que los niños coman bien* (Nutrição infantil. Como conseguir que as crianças comam bem), o melhor que nós, pais e professores, podemos fazer é não transformar a hora da refeição em um momento de luta.

Sentar-se à mesa para compartilhar os alimentos deve ser uma atividade sadia e alegre

"Não vale a pena uma batalha desgastante, carregada de ansiedade e neurose para impor regras alimentares rigorosas em nossos lares e, junto com isso, despertar uma conduta rebelde e antagônica em nossos filhos."

É certo que as crianças devem se alimentar e devem fazê-lo bem, mas, como em tudo, quanto mais nos angustiamos pelo que comem, mais neuroses transmitiremos a elas e, por isso mesmo, menos comerão.

Raquel e Elena são mães que amamentaram seus filhos. Para a primeira o desmame foi uma questão muito natural, sem angústia. Com isso, a criança conseguiu uma separação feliz do seio materno. Por outro lado, Elena, desde os primeiros dias de lactação angustiou-se pelo momento do desprendimento: "O que meu filho vai fazer?", perguntava-se. Seu temor chegou a tal extremo que, no momento de introduzir a criança ao mundo dos copos – seu filho nunca tomou mamadeira –, ambos sofreram muito. O bebê não dormia bem, chorava o tempo todo e o desmame se transformou num verdadeiro drama para toda a família.

Nossos temores e nossas angústias são os temores e as angústias de nossos filhos.

Desde que se casaram, Erika e Fernando não conseguiam entrar em um acordo sobre o momento de conceber um filho. Ela se preocupava muito em engordar, e ele com a perda do corpo esbelto de sua mulher. Chegou a gravidez e Erika não engordou mais que nove quilos para que não ficasse difícil recuperar seu porte físico.

O novo conflito foi a lactação. Com o pretexto de "não tenho leite suficiente", evitou amamentar o bebê. Durante nossa conversa, confessou a mim que tinha muito medo de ser uma péssima mãe, de não estar alimentando bem seu filho, e usava seu corpo como pretexto para não engravidar e não amamentar o recém-nascido.

"Preferimos dar a ele mamadeira porque assim sabemos quanto come. Felizmente, Andrés é uma criança saudável e, aos 7 meses, pesa quase nove quilos", afirma a orgulhosa e já mais segura mamãe.

Adriana Otero tem três filhos: Daniela, de 12 anos, José, de 9, e Camila, de 6. Os três são crianças muito magras, em especial Daniela. Adriana comenta que muitas mães da escola de seus filhos perguntavam sobre isso, mas ela não sabia o que responder:

> Minha filha come muito bem e ninguém acredita. Desde que nasceu tem sido magra e alta, e já está entrando em uma idade em que seu peso lhe causa conflito e, arrisco dizer, lhe envergonha. Muitas vezes, sente que os demais a repudiam por sua extrema magreza e eu só digo a ela que fico contente vendo que come bem e que o peso é algo que não deve preocupá-la. É uma menina muito saudável, tem uma cor muito boa, mas seu corpo não responde às expectativas dos outros pais, que me perguntam da opinião do pediatra sobre o peso da minha filha.

A especialista norte-americana em nutrição Ellyn Satter assinala que as crianças têm uma maneira natural de crescer de acordo com sua compleição. Se os pais cumprem a tarefa de alimentá-las e as deixam decidir quanto querem comer, não devem preocupar-se, elas crescerão saudáveis.

A tarefa da alimentação

O ato de comer supõe uma das primeiras relações sociais da criança. Na realidade, é o princípio do ensinamento no comportamento com os demais. Entretanto, independentemente de o recém-nascido ser alimentado com leite materno ou com mamadeira, ele mesmo estabelece a pauta de seus hábitos alimentares. É responsável por sua própria alimentação, ainda que nos custe acreditar e aceitá-lo. Ele é o único que sabe se tem fome ou não. Por isso, não devemos impor horários para comer assim que acaba de nascer. As rotinas virão mais adiante.

Com relação ao peso, os quilos que nosso filho perde ou ganha deveriam deixar de ser uma obsessão para nós, mães.

> *Se o peso de sua filha estiver 10% abaixo do peso médio para sua idade e sua estatura, provavelmente está tudo bem, desde que a perda não continue.*
>
> Moloney

"Durante muitas semanas, meia hora depois de ter amamentado meu filho, o menino queria comer de novo. Devo reconhecer que para mim era frustrante ter de passar todo o dia com o bebê agarrado a mim. Mas compreendi que isso não seria para sempre. Na verdade, a maratona alimentar não durou muito tempo. Atualmente, meu filho Roberto, que tem 5 anos, tem seus próprios padrões de alimentação. Respeito muito a decisão de deixar meu filho comer a quantidade que quiser, desde que nos horários de refeição", expõe Ruth Palacios, mãe de Roberto e Diego, recém-nascido.

De acordo com a Organização Mundial da Saúde (OMS), uma pessoa saudável é a que goza de pleno bem-estar biológico, psicológico e social. A alimentação, sem dúvida, deve contribuir para alcançar esse estado.

Leticia Marván, prestigiada especialista em nutrição, afirma que, como parte dos parâmetros da OMS, a alimentação é um fator que satisfaz três funções básicas:

- biológica;
- psicológica;
- social.

De acordo com Marván:

> Como fator de satisfação biológica, a alimentação deve prover todos os nutrientes de que o corpo necessita, nas quantidades e proporções indicadas.
> Como fator de satisfação psicológica, a alimentação é um prazer que não deve se perder em nenhuma circunstância, nem mesmo quando há limitações fisiológicas ou econômicas.
> Finalmente, como fator de satisfação social, a comida e a hora para comer devem propiciar um momento que favoreça a convivência familiar e social.

Por infelicidade, nós, pais, temos tirado da alimentação de nossos filhos a importância psicológica e, sobretudo, seu papel no terreno social. Utilizamos os momentos das refeições como hora para discussões, desacordos, reclamações. Só o que não perdemos é a importância biológica: damos a eles sua porção diária de proteínas, cálcio e calorias que nos recomendam os livros.

"Eduardo, meu esposo, sempre come em casa, mas prefere que sirva a comida a ele quando minhas filhas já terminaram.

Fica incomodado em presenciar disputas e ter de reclamar porque não comem bem", conta Pilar Trejo.

Para que a alimentação cumpra sua função de modo adequado, é primordial, como pais, revisarmos nossas próprias atitudes em relação à comida e diante do ato de comer. Isso permitirá sabermos com exatidão o que estamos transmitindo aos nossos filhos.

Durante muito tempo repudiei o arroz simplesmente porque não me agradava. Mas obrigava meus filhos a comê-lo. Um dia, Daniel me disse: "Mamãe, se você não come arroz eu também não quero comer, porque se você não come algo é porque não deve ser bom". Fiquei "gelada" diante do comentário. Esclareci seu erro sobre os nutrientes do arroz e, a partir daí, integrei-me à equipe dos comedores cotidianos desse cereal.

O ato de comer supõe uma das primeiras relações sociais das crianças

Como podemos pedir às crianças que façam algo que não somos capazes de levar a cabo? Importantes estudos realizados por prestigiadas instituições de pesquisa estrangeiras informam que a maneira como nos alimentamos durante a infância determina o tipo de saúde que teremos na idade adulta, além de incidir de forma importante no desenvolvimento do coeficiente intelectual.

No livro *Nutrición contra las enfermedades* (Nutrição contra as doenças), o doutor Roger J. Willians assegura que em um estudo psicológico em que se comparou um grupo de crianças em idade pré-escolar com bons hábitos alimentares com outro de crianças da mesma idade com dietas deficientes, os resultados demonstraram uma substancial diferença nos níveis de coeficiente intelectual a favor dos mais bem alimentados.

Para não ir mais longe, nas escolas está comprovado que as crianças que tomam um bom café da manhã têm melhor rendimento escolar, ao contrário daquelas que chegam à escola com o estômago vazio.

"No regulamento escolar, colocamos como condição que as crianças venham alimentadas. Já não é um pedido aos pais, é uma exigência. Não é possível que as enviem sem café da manhã, ou nada mais que um copo de leite. Depois de mais de 10 horas de jejum, considero que nada rende", afirma a diretora de uma escola primária particular.

O doutor Claudio Coelho sustenta que não apenas os valores nutricionais do que foi ingerido interferem nos problemas de alimentação infantil e na desnutrição, mas que se trata de uma questão de costume e educação. Em todo o país existe um considerável número de famílias que, apesar de ter ao seu alcance os elementos necessários para gozar de uma saúde invejável, preferem o consumo, em quantidades industriais, de refrigerantes, batatas fritas, tortas e demais pratos comumente conhecidos como *junk food*, que não fornecem nada de aproveitável para o organismo.

Diante desse problema, as ações empreendidas contra a desnutrição devem partir da capacitação e educação de mães e pais para orientarem a si mesmos e a seus filhos sobre a melhor maneira de se alimentar.

Uma boa alimentação se reflete na aparência, a qual se associa a uma estrutura óssea bem desenvolvida, um peso harmoniosamente proporcional à estatura, uma expressão alerta e desperta, cabelos brilhantes, estabilidade emocional, bom apetite, hábitos de sono saudáveis, resistência à fadiga, ao funcionamento intestinal regular e também ao bom humor.

SWINNEY

Leticia Marván explica que a comida sempre tem sido um vínculo social, uma forma de reunir a família, os amigos e demonstrar afetos. Mas, se por um lado temos de viver esse aspecto, por outro, a dieta que colocamos em prática em casa deve ser completa, suficiente, equilibrada, variada e inócua. Para ela:

> Uma dieta completa se obtém quando ingerimos alimentos de todos os grupos alimentares e com isso cumprimos a função biológica da alimentação, que favorece a saúde física. Uma dieta apropriada também fornece a energia requerida pelo nosso corpo para realizar as funções vitais.
>
> Não se deve esquecer que se uma criança tem energia adequada, terá crescimento e desenvolvimento ótimos. A alimentação deve ser equilibrada, quer dizer, devemos consumir alimentos de todos os grupos, pois a variedade da dieta a transforma em fator de satisfação psicológica e social, pois nela se enraíza o gosto das pessoas.
>
> Por fim, dizer que a dieta deve ser inócua significa que, ao preparar a comida de maneira higiênica e consumir alimentos livres de substâncias tóxicas, evitamos as enfermidades.

Tudo o que foi citado anteriormente soa muito bem e parece fácil de pôr em prática com as crianças, mas ainda que nosso alimento cotidiano cumpra todos os requisitos, se a hora das refeições não é um momento de harmonia familiar, de nada servirá, porque as crianças não vão querer comer.

Devemos nos perguntar, por exemplo, a sala de jantar é um lugar agradável ou é o cenário das rivalidades familiares? Enquanto comemos:

- Falamos com nossos filhos, ou melhor, dedicamos nosso tempo para corrigi-los e dar-lhes instruções?
- Deixamos as crianças comerem o que lhes agrada ou sempre estamos mandando que terminem tudo o que foi servido no prato?
- A sobremesa é motivo de ameaças quando a criança não termina de comer?
- Desfrutamos da comida ou é um momento importuno de nossa vida diária?

Os especialistas em alimentação infantil asseguram que a elaboração de um inventário honesto e profundo de nossas respostas às perguntas anteriores ajudará consideravelmente a transformar a comida, e sobretudo a hora das refeições, em algo especial e agradável.

> Muitos pais consideram que os hábitos alimentares de seus filhos são muito pobres e que isso afetará seu desenvolvimento

Lourdes Esquinca, terapeuta familiar, assinala que geralmente são os pais que convertem as horas de alimentação dos filhos em um tormento. "Não entendo", afirma, "porque não colocam uma mesa bem bonita junto com os filhos, perguntam-lhes sobre seus pratos favoritos e, inclusive, planejam os cardápios da semana com eles."

Maite Plazas, especialista em nutrição, sustenta que as crianças aprendem muito do que veem, do que fazem, do que é dito a elas, aprendem mais de como se comportam outras pessoas. Por isso, durante as refeições o mais importante é o bom exemplo.

"Para que essas refeições resultem em momentos para aprender e desfrutar, é necessário oferecer uma variedade e combinação de alimentos em um ambiente agradável e tranquilo", explica em seu artigo "Que as crianças aprendam e desfrutem de uma boa alimentação".

Assim como existem famílias para as quais a hora da alimentação é um momento conflituoso, o que provoca certa rejeição das crianças pela alimentação, também existem aquelas que têm um conceito distinto desses momentos e uma atitude sã a respeito.

Mariana Flores, mãe de Donato, de 9 anos, e de Luciana, de 7, afirma que ela e seu marido têm tratado de fomentar em seus filhos uma concepção agradável da hora do almoço.

"Nós os proibimos de brigar na hora de comer e não ensinamos que a comida é uma forma de castigo ou um tipo de recompensa. Eles também têm aprendido que não provocarão desgosto algum se não terminarem a comida servida. Nesse último aspecto tenho tido algumas diferenças com meu esposo. Ele afirma, por exemplo, que não se deve desperdiçar nem um grão de comida.

Essa atitude se deve ao fato de ele ser de uma família italiana que sofreu os estragos da Segunda Guerra Mundial, e ter sido educado para deixar os pratos completamente limpos, porque talvez pudesse não ter nenhum tipo de alimento depois", explica.

Na casa dos Granados, ninguém acusa os filhos de serem caprichosos quando já não querem comer mais.

"Por fim, entendemos que as crianças não deixam de comer para nos aborrecer, e sim porque têm etapas distintas de desenvolvimento, e aquilo do que hoje gostam talvez possam não gostar amanhã", explica Carmen de Granados.

Assim mesmo, é importante perceber e aceitar que os filhos têm períodos em que só comem um tipo de comida. Aconteceu com Lucía – quando ela tinha entre 1 ano e meio e 2 vivia de *milk-shake* de bananas.

Alguns pediatras entrevistados afirmam que a maioria dos pais se preocupa com os hábitos alimentares de seus filhos e acredita que estes não são suficientemente bons para ajudá-los a crescer fortes e sadios. Alguns pedem os mesmos pratos sempre, outros resistem a provar alimentos novos e outro grupo de crianças passa a tarde pedindo lanches. Isso é normal, já que as crianças comem aquilo de que gostam e rejeitam o resto. Pode ocorrer que durante uma semana se alimentem de sopa de ervilha e na seguinte prefiram um pedaço de frango.

Entretanto, recomendam os médicos, é fundamental para o desenvolvimento das crianças que os pais, ou as pessoas que estão encarregadas delas, estimulem boas práticas nutricionais.

O doutor Manuel Ramos, pediatra, assegura que "muitos pais lutam para controlar a quantidade de alimentos que seus filhos ingerem. É possível que a criança coma uma quantidade insuficiente de certos alimentos, ingira uma quantidade excessiva de outros, desperdice a comida ou não queira provar alimentos novos. A função dos pais consiste em oferecer opções alimentares saudáveis.

Se o pequeno reclama muito na hora da refeição, não se deve obrigá-lo a comer. Estudos assinalam que as crianças comem o necessário e a quantidade requerida por seu organismo, caso tenham à disposição os alimentos adequados para escolha". Portanto, temos de nos despreocupar e cumprir nossa tarefa de ter sempre alimentos nutritivos na dispensa e na geladeira. Além disso, devemos deixar que a natureza infantil faça sua parte.

Cada uma das reações que a mãe tem com relação à alimentação de seus filhos terá um importante significado na vida adulta destes.

MANDUJANO

Perguntas

É muito importante que analisemos o que a alimentação significa para nós e para nossa família.

1. Como eram as horas das refeições quando éramos crianças?
2. Obrigavam-nos a comer até o último pedaço?
3. Temos lembranças agradáveis das refeições familiares?
4. Alguma vez sentimos temor de não estar alimentando bem os nossos filhos?
5. Temos preocupação com o excesso de peso e a estatura de nossos filhos?
6. Nós os pressionamos para que comam?

2

A queixa nossa de cada dia: "Meu filho não quer comer"

É sabido que a alimentação infantil requer uma dieta com os nutrientes indispensáveis para que as crianças se desenvolvam e cresçam com saúde. Mas o que podemos fazer para que ingiram a quantidade suficiente dos alimentos corretos?

Os especialistas afirmam que toda mãe deve, em primeiro lugar, criar um ambiente agradável na hora da refeição, pois este deve ser um momento de felicidade e sem aflições.

Sem dúvida, quase todas as mães tratam de criar uma atmosfera agredável para que os pequenos comam, mas, ao que parece, isso não basta para entusiasmá-los com os alimentos.

Os pediatras indicam que um dos motivos mais frequentes pelo qual as mães levam seus filhos menores a consultas é, segundo elas, a falta de apetite ou a má alimentação. Isso produz angústia nas mães, as quais imaginam que seus filhos têm vermes, padecem de alguma enfermidade, ou que ficarão desnutridos, o que cria uma situação tensa na relação com os pequenos.

"Todos os dias faço enormes esforços para que meus filhos comam bem. Compro frutas e verduras de primeira qualidade, cozinho para eles aquilo de que mais gostam e nem assim comem. Obviamente, lanço mão de todas as artimanhas para que o façam. Inclusive, muitas vezes os persigo pela casa com a colher na mão para que ao menos provem o que preparei. Parece mentira, mas quanto maiores, mais difícil fazê-los comer", afirma Ileana Aguilar, mãe de Gerardo, de 12 anos, Sofía, de 10 e Omar, de 7.

> *A nutrição camuflada exige certa astúcia, mas os resultados são surpreendentes!*
>
> MINDELL

Não cheguei tão longe com meu empenho para que se alimentasse de modo nutritivo, mas fiz a travessura de esconder um ovo em uma vitamina de morango com leite, com a inocente crença de que minha filha não notaria. Não é assim. Os pequenos são muito astutos e ela observou que a vitamina tinha muita espuma, o que pareceu estranho para ela. Aproximou-se e disse: "Mamãe, pode preparar uma vitamina como faz todos os dias?" Respondi que tinha feito exatamente como fazia sempre. Ela insistiu que isso não era verdade e que dessa forma não tomaria.

Alguma vez já quiseram te vender gato por lebre? Seguramente, sim. Que impressão você teria se chegasse a um restaurante, pedisse um bife de contrafilé e servissem outro corte, escondido em uma abundante guarnição de verduras, e cobrassem como se fosse contrafilé? Você se levantaria e iria embora aborrecido, afirmando que não te enganariam e que, de forma alguma, pagaria a conta, não é verdade? Pois o mesmo acontece com as crianças.

Por que dizemos a elas que se trata de um prato quando sabemos que é outro?

Tenho escutado muitas mães defenderem que, tanto na alimentação de seus filhos como no amor e na guerra, vale tudo. Nada mais falso. Afirmo isso por experiência. Tenho recorrido a mil e um truques para que meus filhos comam. Sobretudo com Lucía. Misturo coisas da quais ela não gosta, mas a menina sempre nota e acabamos brigando.

Em seu livro *Child of mine*, Ellyn Satter assegura que uma boa alimentação infantil demanda a divisão de responsabilidades. Os pais decidem quais alimentos vão oferecer a seus filhos, quando e onde serão as refeições, e estes se encarregam da quantidade e se comem ou não.

"Os pais são responsáveis pelo que se oferece para comer e por sua apresentação. As crianças são responsáveis pela quantidade que ingerem e pela decisão de comer ou não comer", assinala Satter.

Os estudiosos da psicologia infantil tampouco estão de acordo que, em nome de "uma boa alimentação", cometam-se atropelos de todos os tipos contra a criança, como permitir que coma o que quiser quando quiser, sem disciplina nem horário.

Outra situação nada recomendável é ligar a televisão na hora da refeição e assim premiar a criança que come bem. Menos ainda se deve suborná-la, dando direito a guloseimas caso coma tudo.

A doutora Magdalena Cerón, pediatra vinculada ao Serviço de Urgências do Hospital Infantil do México "Federico Gómez", indica:

> É importante ter ciência de que, entre os 2 e 6 anos, o pequeno está em uma idade na qual o sentimento de independência e a necessidade de explorar seu meio o transformam em um ser inquieto, com pouca consciência dos limites. Além disso, seu tempo e sua atenção centram-se em jogos e novas experiências, por isso, recusará a sentar-se para comer com disciplina.
>
> Durante esse período, a criança não aceita ajuda, deseja comer sozinha, o que incomoda muitas mães, porque joga a comida, suja-se e não come bem. Porém, essa é uma das principais causas pela qual deixa de comer e estabelece rivalidade com quem a alimenta.

O ambiente no seio familiar é uma causa fundamental para justificar como nossos filhos comem. Assim, quando existem problemas emocionais no lar e as crianças percebem um ambiente agressivo, hostil, violento ou até mesmo indiferente a elas, podem manifestar angústia e mal-estar por meio de condutas rebeldes na hora da refeição.

No fundo, buscam chamar a atenção dos pais ou adultos que as rodeiam, mas a única coisa que conseguem é fazê-los perder a paciência e criar um círculo vicioso de tensão, repreensões e semblantes franzidos. Muitas vezes a criança tira a comida da boca e joga-a debaixo da mesa.

"Isso só acontece nos filmes", disse minha amiga Georgina Karam, que não tem problemas com a alimentação de seus dois filhos. Eles comem muito bem, por isso Georgina não pode acreditar que isso aconteça na vida real de milhares de famílias.

"Em várias ocasiões tive de recorrer a algumas palmadas em minha filha Dalia, porque ela cospe a comida quando não estou olhando, ou a envolve em um guardanapo e finge que ele cai no chão. Não tinha reparado nisso, mas um dia a jovem que nos ajuda com afazeres domésticos viu o guardanapo cheio de pedaços de carne debaixo da mesa e me avisou. Já podem imaginar qual foi minha reação", comenta Marisa Hernández.

Algumas mães sustentam que, tanto na alimentação de seus filhos como no amor e na guerra, vale tudo. Cuidado, pois isso, além de ser falso, também pode ser perigoso para o desenvolvimento das crianças

Essa mãe, como tantas outras cujos filhos escondem os pedaços de comida, não conseguiu resolver o problema da alimentação de sua filha, e sua atitude de obrigá-la a comer quando não deseja, como já disse o pediatra, só conseguirá fazer que a menina deixe de comer.

Os psiquiatras infantis Martín Maldonado Durán e Manuel Sauceda-García, autores do artigo "Avaliação clínica e tratamento dos problemas da alimentação", explicam:

> Essas relações são de controle excessivo e de ansiedade sobre a alimentação da criança. Além de outras possibilidades, entre elas: ideias distorcidas sobre a nutrição, oferecer insuficiente quantidade de alimentos, esperar uma ingestão excessiva, não fornecer os nutrientes adequados. Talvez se apresente uma escassa correspondência entre as características da criança e as expectativas dos pais.

Algumas famílias têm mitos vindos de outras gerações, que afetam a percepção da forma como os filhos se alimentam. Por exemplo, em algumas, há insistência em que as crianças se ajustem às prescrições, entre elas:

- não falar quando se come;
- comer todos os alimentos do prato;
- não jogar comida fora e, portanto, consumi-la toda;
- não beber líquidos até que terminem a comida;
- se a criança não come, é porque está manipulando os pais.

Fonte: Maldonado e Sauceda

Como pais intuitivos, ainda que a intuição esteja cada vez mais em desuso, sabemos quando as crianças não querem comer porque se sentem mal. Também nos damos conta quando o pequeno não quer simplesmente porque não deseja comer. Por isso, é importante, antes de tudo, descartar a possibilidade de tratar-se de algum problema de saúde ou transtorno alimentício da criança quando ela estiver sem apetite. Depois, vale a pena nos perguntar quais erros podemos estar cometendo nesse aspecto da criação de nossos filhos.

De acordo com o doutor Arturo Soria Magaña, psiquiatra de crianças e adolescentes no Hospital Infantil de México, alguns dos equívocos mais comuns são:

1. Maus hábitos: obrigar a criança a comer quando não tem fome ou depois de ter permitido que ingerisse guloseimas ou refrescos.

2. Obrigá-la a comer aquilo de que gostamos, mas sem tê-la induzido a esse tipo de alimento desde cedo; negar a ela o que lhe agrada e fazê-la repetir.
3. Dar os alimentos na boca, mesmo quando já tem a capacidade motora para comer sozinha.
4. Fazê-la ingerir a quantidade de alimentos que nos satisfaça, quando o desejamos e no tempo (às vezes inadequado) que estabelecemos.
5. Forçá-la a comer mais porque nos parece que não ingeriu o suficiente, ainda que, em geral, seja uma criança sadia, com o peso e a altura adequados.

Por bem ou por mal, alimentar nossos filhos é uma das tarefas mais importantes, mas também uma das mais difíceis e cansativas, que devemos desempenhar como pais. Essa situação se apresenta desde que as crianças nascem. A primeira pergunta que nos fazemos como mães é “amamento ou não meu filho?”

Entende-se por *nutrição* o conjunto de processos mediante os quais o organismo recebe, transforma e utiliza elementos químicos contidos nos alimentos. Essas substâncias constituem os materiais essenciais para a manutenção da vida. A *alimentação* é, por outro lado, a forma com a qual proporcionamos ao corpo esses alimentos indispensáveis.

Cada vez mais, as mulheres estão comprometidas com o aleitamento materno; não obstante, ainda existe uma série de mitos e falsas “realidades” à respeito da alimentação com leite materno: “Você não tem leite suficiente", "esse bebê ficou com fome", "nunca sei quanto minha filha tomou", "fica com fome e preciso tê-lo agarrado a mim o dia todo", e assim continua a longa lista de queixas e pretextos.

Por outro lado, nada mais distante da realidade que a terna imagem de uma mãe amamentando seu filho. Amamentei meus filhos durante mais de seis meses e foi uma tarefa muito árdua, fatigante, exigente, visto que ninguém podia me ajudar ou me substituir nos momentos da alimentação. O mais difícil são os primeiros dez dias. Passado esse tempo, fica mais fácil encontrar o melhor modo de fazê-lo. Entretanto, devemos cuidar para que a criança não nos use como chupeta, evitar que os mamilos rachem e eliminar da dieta materna uma série de alimentos, porque só de imaginá-los o bebê adoece do estômago.

Apesar desses incômodos, a amamentação é uma experiência agradável e, com certeza, com ela se estabelece um vínculo muito estreito com a criança.

"Não pude amamentar minha filha. Meu leite secou", disse Elisa Garduño. Ela optou, com a instrução pediátrica, por dar "fórmula" e a menina está enorme, gorda e vistosa. Por outro lado, Beatriz Pereira amamentou suas duas filhas e ambas são muito magras e pequenas para sua idade. Tem a ver com a qualidade do leite materno? Mas é claro que não, afirmam os pediatras. Todo leite materno é o mesmo: ainda que a alimentação da mãe influencie, nutre as crianças da mesma forma.

> *Os bebês recém-nascidos devem se alimentar livremente. Os seios de sua mãe estão aí por causa deles e para que possam utilizá-los cada vez que desejarem.*
>
> LEACH

Os pediatras também indicam que, de fato, a "fórmula" tende a engordar os menores, mas o que eles necessitam nos três primeiros meses de vida é de leite, e se for materno, melhor.

A maior parte dos pediatras não está de acordo com a afirmação de que "o leite se esgota". É evidente que se o bebê não suga, não há produção de leite, e muitas mulheres que não podem amamentar ficam desesperadas ao pensar que seu filho não come e, então, se dão por vencidas. Por isso, creio que conseguir suportar os primeiros dias é a chave para alcançar êxito na etapa inicial da alimentação do bebê. Isso sem contar o tempo que permanecemos no hospital.

Para algumas pessoas dessas instituições não agrada a ideia de que as mães amamentem seus filhos, porque implica mais trabalho e choro no berçário. De fato, as enfermeiras são sempre as primeiras a nos desanimar com suas palavras amigáveis: "Mãezinha, acho que você não tem leite, melhor eu levar seu bebê e lá, no berço, alimentá-lo para que você volte a tentar quando ele já estiver de barriga cheia".

Os pediatras também indicam que, de fato, a "fórmula" tende a engordar os pequenos, mas o que eles necessitam nos primeiros três meses de vida é de leite, e se for materno, melhor

Claro, a criança regressa em pouco tempo muito bem alimentada e o que menos quer é sugar o peito. É como se nos obrigassem a continuar comendo depois de um esplêndido banquete. Assim, como não vai boicotar a lactação? Essa é nossa primeira aproximação com a alimentação infantil. Tortuosa, não é mesmo?

Nosso conflito seguinte com a alimentação, e digo conflito porque muitas mães assim o têm vivenciado, é com as papinhas, os purês e os produtos industrializados para bebês. "O que será melhor para lhe dar?", perguntamo-nos o tempo todo.

"Fico preocupada se as abóboras não foram bem fervidas, o que pode fazer mal ao meu bebê", comenta Claudia Corona, mãe pela primeira vez.

Outras mães se justificam o tempo todo por dar papinhas industrializadas a seu filho: "Não queria dar papinhas compradas, porque o pediatra disse que era melhor que eu as fizesse". Sentem que por fazê-lo não são boas mães. Outras, muito românticas, preferem fazer tudo sozinhas, comprar o mais fresco no mercado, desinfetar, ferver, bater no liquidificador etc. E o fazem principalmente quando o bebê é seu primeiro filho. Com o segundo tudo é mais sereno e muito menos complicado.

Alimentar a filha ocasionava em minha amiga Angélica um conflito interno tão grande que seu esposo preparava as papinhas... até com uma semana de antecedência! Acreditavam que lhes tomaria muito tempo cozinhá-las na hora da refeição e preferiam congelá-las, até que o pediatra lhes chamou a atenção por preparar a comida para uma bebê de seis meses com tanta antecipação. E me parece que o médico tinha razão, não é tão complicado nem toma muito tempo ferver um chuchu e fazer a papinha. Eles, evidentemente, mudaram de pediatra.

A menina, que hoje tem 12 anos, come muito mal: detesta frutas e verduras, leva batata frita de lanche para a escola e constantemente bebe sucos industrializados.

O gosto ou o mal-estar que transmitimos aos filhos com relação à comida é o que vai perdurar neles até que sejam adultos.

Em seu livro *Comidas sanas, niños sanos* (Alimentação saudável, filhos saudáveis), a especialista em nutrição Bridget Swinney oferece aos pais uma série de recomendações para conseguir uma alimentação saudável. Além do nutricional, o termo saudável compreende aqui também os aspectos social e psicológico que os alimentos devem satisfazer.

Em primeiro lugar, nunca se deve subornar nem obrigar o pequeno a comer. De acordo com Swinney:

> Os estudos realizados demonstram que as crianças nascem com um controle adequado da ingestão de alimentos. Comem quando têm fome e deixam de comer quando se sentem saciadas. São os adultos que ensinam a elas que devem comer nas horas das refeições, inclusive se não têm fome. Uma criança que se obriga a comer perde sua capacidade natural para controlar a ingestão de alimentos. Isso pode dar lugar a transtornos da conduta alimentar, como a anorexia, bulimia, ou outros problemas como comer de maneira impulsiva, que podem persistir por toda a vida.

Em segundo lugar, diz a profissional, como pais, não devemos perder de vista que a principal influência para nossos filhos somos nós mesmos. Dessa forma, se não nos agrada comer fruta, verdura ou beber leite, tampouco eles o farão.

Uma terceira recomendação é fazer das horas das refeições momentos agradáveis de comunicação e convivência familiar.

Essas ocasiões são muito importantes para desenvolver as habilidades sociais, além de serem muito úteis para ensinar bons modos à mesa.

O gosto ou o mal-estar que transmitimos aos filhos com relação à comida é o que vai perdurar neles até que sejam adultos

---

"Se for possível", expõe a autora, "inclua as crianças na preparação dos alimentos e na limpeza da cozinha depois de comer. Não dá nenhum trabalho recolher o prato, colocá-lo na pia da cozinha e até mesmo lavá-lo."

Uma recomendação a mais para os pais é evitar ao máximo que as horas das refeições se transformem em uma disputa de poder. Permitir isso pode desenvolver na criança condutas negativas com relação aos alimentos.

A sugestão mais difícil de se levar em conta é a de aceitar as manias e os resmungos de nossos filhos como parte de um período da vida que, cedo ou tarde, serão superados. E se não acreditamos, pensemos em nossas manhas infantis com os alimentos. Gostávamos de tudo o que nos davam para comer em nossa infância? Espinafre, agrião e brócolis eram vegetais que eu simplesmente não podia ver. Serviam para mim e eu podia ficar duas horas contemplando-os diante dos olhares de minha mãe, a quem assustava ver a repugnância que me causavam. Hoje, digo com muito orgulho, são meus preferidos e posso comê-los até cansar.

Meu esposo não tolera as nozes e, é claro, Lucía não suporta seu cheiro, mas Daniel, que tem uma magnífica relação com a comida, as come de muito bom grado.

"Meus filhos iam a uma escola onde se aplicava o método Montessori e as mães ficavam encarregadas de levar o lanche para todas as crianças uma vez por semana, e os pequenos podiam comer, da mesma forma, pastel de carne, salada de couve-flor ou alguma fruta. Assim aprenderam a comer de tudo; e se não são fanáticos por comida e há algum prato que não lhes agradam, aprenderam a comer sem reclamar", explica María José Rodriguez, mãe de Pablo, de 11 anos, e de María, de 9.

Saber como introduzir novos alimentos na dieta de nossos filhos é outra das recomendações. Não convém desesperar-se se a criança não demonstra felicidade ao saber que há algo novo em seu prato; é melhor dar tempo para que o desfrute. Temos de tentar sempre e não temos de "jogar a toalha". Devemos ter paciência.

Meu filho não come bem. Pode estar desnutrido?

De acordo como o médico José Alberto García, a desnutrição nas crianças é um problema que se apresenta com maior frequência durante os primeiros cinco anos de vida. Essa situação surge, na maioria das vezes, pelo consumo de dietas inadequadas que nós, pais, oferecemos, e não, necessariamente, porque em nossos lares faltem alimentos, mas sim porque nossos conceitos do que uma criança deve comer estão equivocados.

O peso é, segundo o médico, o primeiro parâmetro que temos de avaliar se quisermos conhecer o estado de nutrição de nossos filhos. Não é necessário tornar-se obsessivo pelo peso, mas é importante que o pequeno cresça de acordo com sua idade.

Outro elemento que deve ser considerado ao avaliar se uma criança está desnutrida é seu comportamento.

	PESO Quilos		ALTURA Centímetros	
	menina	menino	menina	menino
Mês 1	3,9	4,2	53	54
Mês 3	5,5	6	59,5	61
Mês 6	7,3	7,8	66	68
Mês 12	9,6	10	74,5	76
Ano 2	12,3	12,5	85,7	87
Ano 3	14,2	14,5	94	95
Ano 4	16,2	16,5	101	102
Ano 5	18,2	18,5	107	108
Ano 6	20,3	20,7	113	114
Ano 7	22,6	23,1	119	119
Ano 8	25,3	25,7	124	125
Ano 9	28,3	28,7	130	130
Ano 10	32	31,9	136	135

De acordo com o médico:

> A criança com desnutrição leve mantém sua atividade física, mas se cansa mais rápido que seus companheiros, começa a distrair-se e tem semblante triste. Nos casos mais avançados, a atividade

física do pequeno se vê afetada, já não quer brincar como antes, é pouco ativo e está aflito.

Dentro do quadro de desnutrição severa, a criança quase não se move e não se interessa pelo que acontece ao seu redor, quer dizer, torna-se apática.

Uma dieta equilibrada e completa deve incluir os três grupos de alimentos em cada refeição: vegetais, cereais e proteínas. O alimento é fundamental para o crescimento sadio da criança, mas deve atender de imediato a qualquer situação que preocupe a mãe, já que as enfermidades repetidas e mal atendidas são causa de desnutrição.

Embora os especialistas recomendem assumir uma posição respeitosa com relação à alimentação das crianças, é preciso encontrar a melhor forma de satisfazer as necessidades do corpo para que funcione adequadamente. Nas palavras de Szamos, são os pais que colocam na geladeira e na despensa os alimentos que vão cobrir essas necessidades, são eles que elegem o que estará na mesa.

Szamos sustenta, "Escolher o que comer é um assunto pessoal e nós, adultos, podemos dar opções às crianças para que elas exercitem seu direito de escolher e assumir a responsabilidade correspondente. Podemos permitir que desenvolvam hábitos alimentares a partir daquilo a que damos importância".

"Estou muito arrependida de ter me preocupado tanto para evitar que minha filha Gina ganhasse peso. Hoje tem 11 anos e já está em dieta. Segundo o pediatra, parte do problema é hereditário, mas a outra parte eu mesma causei por aborrecer tanto a menina para que não comesse. Isso a obrigava a comer doces e *junk food* às escondidas", disse Georgina García, mãe de Gina, de 11 anos, e de Montserrat, de 7.

A hora da refeição é para falar e sorrir com todos os membros da família.

TANSY

Os especialistas em nutrição assinalam que a magreza não é sinônimo de desnutrição, nem a obesidade de saúde. O sobrepeso é causado por um desequilíbrio energético, o que significa que a atividade física do pequeno é insuficiente para compensar o consumo de alimentos, ainda que a genética desempenhe um papel importante.

Swinney indica que, em nossas vidas agitadas, pratos prontos e *fast food* em qualquer restaurante substituem o almoço e o jantar tradicionais. Ao mesmo tempo, os jogos de computador e a televisão estão substituindo a diversão ao ar livre, o que de alguma maneira tem contribuído para que haja crianças obesas ou com certa dose de sobrepeso.

Enfrentar o problema sem angústia nem culpa é parte da solução. Nós, pais, devemos assumir a responsabilidade do que permitimos que as crianças comam e do que lhes oferecemos.

Daniel, meu filho, é muito magro e alto. Seu peso está abaixo da média das crianças da sua idade e sua altura está acima. Devo confessar que durante muitos anos sua magreza me preocupou, sobretudo quando tinha de convencer os que o conheciam de que se alimentava muito bem e de que desde o dia em que nasceu o médico havia dito que seria uma criança alta e magra.

O menino era, e é, magro, e eu me sentia profundamente culpada pelo seu peso, embora me esforçasse para alimentá-lo bem. Essa culpa durou muito tempo, até que um dia observei quão bem ele comia. Alimentá-lo não implicava nenhum tipo de guerra. O menino comia de tudo, às vezes até pedia que lhe servisse mais espinafre, verdura odiada por grande parte das crianças que conheço.

Decidi que devia deixá-lo em paz com relação ao seu peso e ao funcionamento de seu estômago. Juro que tirei das costas uma grande carga.

Com Lucía acontece exatamente o contrário. Ela é magra e pequena, não come de tudo e tem uma mãe que, embora saiba que a quantidade de comida ingerida é responsabilidade da menina, a pressiona todo o tempo para que coma. Eu a ameaço, chantageio, lhe suplico. Espero dar-me por vencida rapidamente, pois creio que parte do problema sou eu.

A maioria das mães que entrevistei afirma que a alimentação foi um fator conflituoso na relação com seus filhos.

"Creio que nos faltam informação e conhecimento sobre os benefícios de alguns alimentos, sobre o que nosso corpo necessita e, principalmente, não temos confiança nas crianças para deixar que sejam elas suas próprias reguladoras alimentares. Se as crianças comem muito nos queixamos, e se comem pouco também nos queixamos. Meu filho Eduardo come como se estivesse trabalhando, mas Jorge, o pequeno, o faz como se estivéssemos em guerra", disse Ana María Gutiérrez.

Guadalupe de García também se lamenta, porque, para seu gosto, dois de seus filhos comem muito, enquanto a menina não come quase nada. Somos muito exageradas. A pediatra de Lucía e Daniel sempre me disse: "María, você se queixa que a menina não come e eu vejo que cresce e aumenta de peso".

Recordo que quando Daniel era muito pequeno eu sofria, porque, do meu ponto de vista, o menino não comia. Um dia a doutora perguntou: "O que o menino comeu hoje?" Respondi que tinha comido uma pera de café da manhã, frango com espinafre ao meio-dia e leite à noite.

"María", disse ela, "pare de reclamar; na verdade, você não sabe o que é ter problemas com um menino que não come. Podia comer só uma maçã e um pedaço de torta e, ainda assim, continuaria acreditando que seu filho come bem".

Alimentação e desenvolvimento

Durante a lactação de meus filhos, atravessei uma etapa muito difícil, e isso ocorreu entre as semanas 10 e 12 depois de seu nascimento.

> Os especialistas em nutrição afirmam que magreza não é sinônimo de desnutrição, nem obesidade – é de saúde

Recordo-me que Daniel chorava e chorava porque ficava com fome e eu o tinha agarrado a mim o dia todo.

As mulheres sábias da Liga de la Leche (Liga do Leite) me diziam: "Por favor, não vá desistir. Esse período se chama *crescimento repentino* e dura duas ou três semanas, em que a criança cresce muito rápido e necessita de mais leite".

Segundo os especialistas, a etapa mais tranquila na alimentação infantil é precisamente a da lactação. Nenhuma mãe que amamente seu filho vai acreditar nisso, menos ainda se são três da manhã, a criatura chora de fome e fazemos até o impossível para não fechar os olhos e permanecer acordadas.

Durante os primeiros meses, as crianças necessitam somente de leite, de preferência materno. Dos 4 aos 6 meses, de acordo com as convicções de nosso pediatra, podemos oferecer alimentos semissólidos, como purês, papinhas de frutas e verduras e depois misturadas com frango, fígado ou vitelo. Essa etapa da alimentação pode se tornar divertida ou pode ser recordada como uma tortura.

Com 1 ano, as crianças querem comer sozinhas, jogam tudo fora do prato, levantam da cadeira e "comem até pelos cotovelos". O melhor testemunho são as bocas cheias de papinha de abóbora, tão frequentes em muitos álbuns fotográficos.

"Ao final do primeiro ano, a criança terá completado o período de crescimento mais acelerado de toda a sua vida: geralmente triplica o peso que tinha ao nascer", assinala Kathleen Moloney, autora do livro *Cómo alimentar a sus hijos* (Como alimentar seus filhos).

Outra etapa importante no desenvolvimento dos pequenos é quando alcançam os 3 anos. Durante esse período, no qual literalmente estão descobrindo o mundo, o que menos interessa a eles é perder tempo comendo, e se, por acaso, conseguirmos mantê-los sentados, será porque lhes interessa meter as mãos no prato e sentir a textura dos alimentos.

Nessa etapa, é muito importante ensiná-los a estabelecer uma boa relação com os alimentos. Mas vale não cair na tentação de permanecer preocupados porque acreditamos que a criança não se alimenta como deveria. Tomemos as coisas com calma e as coloquemos em perspectiva que as crianças crescem muito rápido e, quando menos esperarmos, deixarão de se sujar com a comida, poderemos falar com elas durante a refeição e inclusive nos pedirão que lhes preparemos seus pratinhos favoritos.

> *A infância é a época na qual se forma a estrutura básica da personalidade, aprende-se a resolver problemas e adquirem-se os conhecimentos básicos nos quais se baseia a cultura. A alimentação é fundamental, pois determina o desenvolvimento da criança em todos os aspectos: biológico, psicológico e social.*
>
> MARVÁN

Natalia Rojas tem três filhos: Sebastián, de 10 anos, Teresa, de 8, e María, de 5. Comenta que a experiência da alimentação com seu primeiro filho foi verdadeiramente dura: "Todo o tempo estava tentada a ligar para o pediatra e pedir que indicasse para Sebastián algum suplemento alimentar, porque via que não comia e passava o tempo brincando. Comentei com uma amiga, que tem filhos um pouco maiores que os meus, e ela me disse que evitava estabelecer o horário da refeição nos momentos em que seus filhos tinham muita energia.

Além disso, dava a eles alguns bocados e permitia que se retirassem da mesa. Em poucos minutos, voltavam pedindo a cota seguinte de comida.

Quando me falou de sua experiência, o que primeiro me veio à cabeça foi a imagem de crianças malcriadas que comem na hora que querem e têm uma mãe que as encobre. Mas depois pensei na forma de comer dos filhos de minha amiga e lembrei-me de que são excelentes pré-adolescentes.

Pus em prática seus conselhos faz muitos anos, e hoje meus três filhos comem muito bem, principalmente Teresa, que tem o paladar mais difícil de agradar".

Normalmente, entre os 3 e os 5 anos, as crianças já dominam a arte de comer, e em geral já foram incorporadas ao cardápio familiar. Moloney afirma que uma característica das crianças em idade pré-escolar é certa suscetibilidade ao que veem e ouvem.

> O bom é que começam a imitar o bom comportamento dos demais, o ruim é que começam a prestar atenção às propagandas, e, muito antes de saber a capital do estado em que vivem, conhecem todos os detalhes dos cereais e das bolachas de sua preferência.

Na etapa de desenvolvimento seguinte, quando as crianças já estudam no ensino fundamental, aperfeiçoam sua relação com alimentos nutritivos e com outros nem tanto. Moloney afirma que as crianças que vão à escola recebem a influência dos amigos e sentem-se "irresistivelmente atraídas" pelo encanto das lojas de doces e das máquinas que, por algumas moedas, entregam guloseimas de todo tipo, chicletes, gomas de mascar e balas. "Por favor, mamãe, compra esses doces, são os que anunciam na televisão e todos os meus amigos comem", escutamos nosso filho dizer.

Nesse período do crescimento, uma das refeições mais importantes é o café da manhã. Numerosos estudos têm demonstrado que as crianças que tomam um bom café da manhã são menos inquietas, concentram-se mais e podem resolver problemas com mais facilidade se comparadas às que não o fazem.

Em seu livro *Dietas normales y terapéuticas, los alimentos en la salud y la enfermidad* (Dietas normais e terapêuticas, os alimentos na saúde e na enfermidade), Leticia Marván oferece uma série de recomendações alimentares para pôr em prática com nossos filhos em idade escolar. Convém planejar almoços ou refeições familiares apetitosos, variados e equilibrados, que permitam às crianças gozar da alimentação e da hora da refeição.

Também é importante incluir no plano diário de alimentação o café da manhã e, além disso, um lanche substancial, de maneira que se promova o bom desempenho escolar e a adequada atividade física. Durante o café da manhã, deve haver tempo suficiente para que as crianças comam sem pressa e ansiedade e consigam uma boa mastigação.

Valeria a pena planejar o lanche escolar com a ajuda da criança. De preferência, buscar lanches saborosos, simples, fáceis de conservar e nutritivos.

"Cada domingo pela manhã, meu filho e eu elaboramos uma lista com a merenda para toda a semana. Ofereço uma variada seleção de lanches e ele os escolhe e decide o que comerá em cada dia. Isso facilita tanto a preparação quanto a aquisição do necessário", comenta Gabriela Remus, mãe de Guillermo, de 11 anos.

Simplifiquemos a relação alimentar com nossos filhos: temos de pensar em suas necessidades nutricionais, mas não devemos nos preocupar demais se, de repente, adquirirem algum hábito estranho, como o de comer um só alimento três vezes ao dia durante duas ou três semanas. Tampouco vale a pena nos afligir em excesso se comem guloseimas em festas infantis.

A chave está em ter alimentos nutritivos na geladeira e na despensa, de maneira que, se decidirem visitá-las todo o dia, tenhamos certeza de que estarão se nutrindo.

Comidas atrativas para as crianças

Podemos lhes oferecer:

- Variedade: planejar os alimentos para vários dias, inclusive para a semana, pois isso permitirá, a quem se encarrega da preparação, não repetir as comidas várias vezes.
- Cor: aproveitar todas as cores dos alimentos. As refeições coloridas são mais atrativas.
- Textura: incluir alimentos que sejam tostados, pastosos e suaves, pois isso os torna interessantes para a criança.
- Aroma: preparar comidas que tenham cheiro bom. Assar pão e cozinhar com condimentos, como a canela, são exemplos que fazem os aromas estimularem o apetite.
- Arranjos: colocar as comidas sobre um lugar apropriado, de modo que não se toquem entre si. Algumas crianças não toleram que isso ocorra. Estar atenta para que os alimentos se apresentem bem no prato.

→

- Seleção: quando for possível, permitir que as crianças escolham os alimentos que gostariam de comer. Isso pode ser feito, por exemplo, ao oferecer uma variedade de frutas e vegetais.
- Independência: permitir que as crianças se sirvam sozinhas. Pouco a pouco, gostarão de comer o que oferecemos e começarão a assumir responsabilidades pelos seus bons hábitos alimentares.

Perguntas

Uma de nossas preocupações centrais como pais é a alimentação infantil.

1. Criamos uma atmosfera agradável para dar de comer aos nossos filhos?
2. Caprichamos na arrumação da mesa para nossos filhos, ou seja, colocamos flores, toalha de mesa limpa etc.?
3. Mentimos a nossos filhos sobre o que lhes oferecemos para comer?
4. Aproveitamos as horas das refeições para repreender as crianças ou fazemos com que sejam momentos agradáveis?
5. Recorremos a atitudes suplicantes para que nossos filhos comam tudo o que lhes servimos?
6. Sabemos quais são os pratos favoritos de nossos filhos?

3

Como entender o vocabulário nutricional

Você é daquelas mães que contam as porções de proteínas, minerais e vitaminas que seus filhos consomem diariamente? Não cheguei a esse ponto de martírio, mas durante algum tempo, sobretudo quando as crianças eram pequenas, tratava de preencher suas necessidades nutricionais e me apegava a tudo o que os livros diziam.

Isso não significa que hoje eu já não me importe. Simplesmente, o tema deixou de me angustiar. Tampouco me tira o sono se em algum momento decidem comer uma guloseima. Tenho a sorte de que meus filhos não se sentem muito atraídos pelos sabores dos picolés, balas, pasteizinhos e bolachas. Tampouco os refrigerantes são do seu agrado. Minhas preocupações para evitar que se tornassem fanáticos pelas guloseimas deixaram-me algo bom: meus filhos não são adeptos a elas.

Este capítulo não pretende ser uma aula sobre nutrientes. É, em vez disso, um esforço por transmitir aos leitores, de maneira simples, algumas definições de nutrientes e a experiência de algumas mães na arte de preparar a comida para as crianças.

O mais elementar, e todos nós, pais, sabemos disso, é que os produtos lácteos não podem faltar na etapa de crescimento da criança, já que são indispensáveis para seu desenvolvimento. Isso vai direto ao ponto, porque infelizmente muitos de nós impomos nossos gostos e crenças na alimentação de nossos filhos, e eliminamos, em consequência disso, produtos cuja ausência no regime alimentar infantil pode gerar sérios problemas.

Os especialistas em nutrição concordam que carnes, frutas, verduras, cereais, legumes, lácteos e gorduras de origem animal não devem faltar no cardápio diário da criança. Sem dúvida, os costumes familiares determinam os gostos e as condutas alimentares dela. O problema surge quando aplicamos à alimentação das crianças as recomendações que os médicos dão aos adultos, com as quais as privamos de uma série de nutrientes básicos para seu organismo.

Raquel Burrows, endocrinologista infantil do Instituto de Nutrição e Tecnologia de Alimentos do Chile, em seu artigo "Nutrientes essenciais, calorias por idade" destaca:

> O risco dessas atitudes é sério, já que, embora haja fatores de crescimento que estão determinados pelos genes, é provável que se a criança não tem uma alimentação ótima em qualidade e quantidade, esse potencial genético não se desenvolve em todas as suas possibilidades, ou, inclusive, que seu funcionamento seja deficiente. Alguns casos podem ser levados a extremos perigosos, como eliminar totalmente o leite da dieta diária, as carnes vermelhas ou algumas verduras. São precisamente esses alimentos que, junto a outros, constituem a matéria-prima para o desenvolvimento e o crescimento de uma criança.

A tradicional pirâmide alimentar começou a ser substituída pelo conceito do "prato do comer bem". Neste, recomenda-se incluir ao menos um alimento de cada grupo em cada uma das três refeições do dia, ingerir a maior variedade possível de alimentos de acordo com nossas necessidades e condições, e consumir a menor quantidade possível de gorduras, óleos, açúcares e sal.

Kati Szamos afirma que os doutores, cientistas e especialistas em nutrição podem proporcionar informações de todo tipo sobre a boa alimentação, mas é responsabilidade dos pais e professores aplicar essas informações e apoiar o desenvolvimento gradual de condutas sadias na criança.

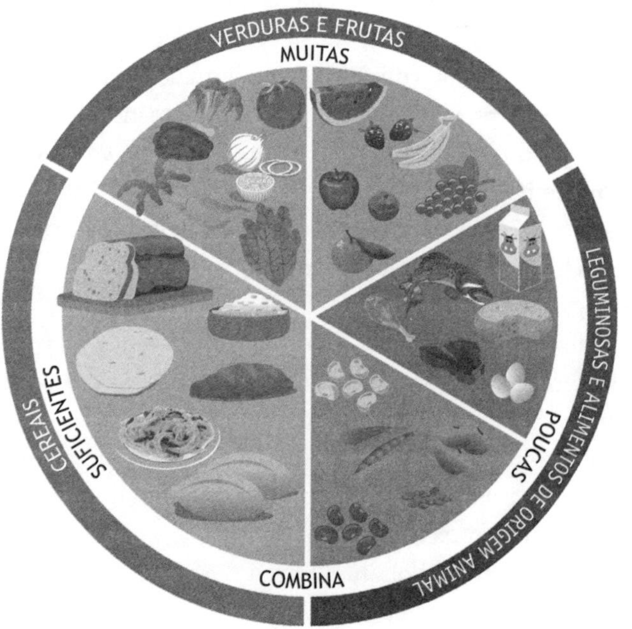

As vitaminas são básicas

O amor está para o desenvolvimento emocional da criança assim como as vitaminas estão para seu corpo, ainda que, como afirma o especialista em nutrição Earl Mindell, o amor pelos filhos nunca pode ser excessivo. As vitaminas, consideradas nutrientes essenciais para o funcionamento do corpo, são as encarregadas de regular e fazer que o metabolismo dos seres humanos funcione normalmente. Mesmo que o organismo infantil requeira quantidades pequenas, sua ausência põe em perigo todo o mecanismo orgânico da criança.

A vitamina A, por exemplo, ajuda a ter uma boa visão, a ter uma pele saudável e oferece resistência a infecções e bactérias. Essa vitamina é obtida consumindo-se hortaliças alaranjadas ou amarelas (cenoura, abóbora, batata-doce), comendo folhas verdes como as do brócolis, do espinafre, da acelga, da salsa e do coentro. Também se pode encontrar vitamina A em frutas como pêssego, melão, damasco, manga e mamão. O fígado de boi também contém vitamina A, assim como o leite integral, o queijo e a manteiga.

A vitamina B, em todas as suas variedades, ajuda a favorecer o apetite, contribui com a digestão, mantém o funcionamento normal do sistema nervoso, dos músculos, do coração e melhora a atividade intelectual. A verdura verde contém um pouco de vitamina B, mas encontramos sua fonte natural entre os cereais integrais como a aveia e o gérmen de trigo, as amêndoas, as nozes e as sementes de abóbora. O fígado, o peixe e o amendoim também oferecem essa vitamina.

Carnes, frutas e verduras, cereais, legumes, laticínios e gorduras de origem animal não devem faltar no cardápio diário da criança

A célebre vitamina C, tão recomendada para a estação do inverno, encontra-se nas frutas ácidas como o abacaxi, a laranja, a goiaba, o limão e a toranja. O tomate é fonte natural de ácido ascórbico ou vitamina C.

Os especialistas afirmam que essa vitamina contribui para prevenir muitas classes de infecções bacterianas e virais, atua como laxante natural, diminui os níveis de colesterol no sangue e previne o resfriado comum.

> *Para sobreviver, é preciso consumir vitaminas, seja na forma de alimentos ou de suplementos dietéticos.*
>
> MINDELL

A vitamina D é obtida, na verdade, dos raios solares que incidem sobre a pele e em alimentos como a sardinha, o salmão, o atum, os produtos lácteos e a margarina.

Uma das funções principais dessa vitamina é favorecer a formação de ossos e dentes fortes.

A vitamina E é um antioxidante e contribui para eliminar a fadiga. É encontrada naturalmente no gérmen de trigo, óleos vegetais, em verduras como brócolis e couve-de-bruxelas, nos cereais integrais, nos ovos e no espinafre.

Com relação à vitamina K, é sabido que ela tem efeitos anticoagulantes e pode ser encontrada no iogurte, na alfafa, na gema de ovos, nas folhas verdes, no leite e no óleo de fígado de bacalhau.

Quanto à administração dos suplementos vitamínicos para crianças, nem todos os pediatras concordam em prescrevê-los. De preferência, sugerem às mães ansiosas, a criança tem que receber as vitaminas de que necessita de forma natural.

De acordo com o doutor José A. García, as vitaminas não têm propriedades para ativar o apetite nem influir no aumento do peso da criança; portanto, os pais não deverão ter essa intenção ao oferecê-las aos filhos. Segundo o médico:

> Em uma alimentação bem equilibrada, na qual se ofereçam frutas, verduras, cereais e carnes, não se deveria adicionar vitaminas, já que esses alimentos as contêm. Talvez haja períodos na vida em que deveriam ser oferecidas. Esses períodos poderiam ser durante o primeiro mês de vida e na puberdade, quando a demanda por vitaminas é excessiva.
>
> Neste caso, dever-se-á incluir, além de uma dieta equilibrada, uma dose diária de vitaminas. Oferecê-las às crianças sem uma prescrição médica pode ser perigoso, já que algumas delas, em doses inadequadas, intoxicam o ser humano. Por conseguinte, somente deverão ser consumidas quando houver uma alimentação deficiente ou no caso de se identificar alguma alteração específica causada pela falta de alguma das vitaminas assinaladas.

Norma Reyes, mãe de Daniel e Pilar, de 12 e 9 anos, afirma que, embora seu pediatra não tenha recomendado vitaminas a seus filhos, tampouco as proibiu, de modo que ela se sente mais tranquila dando-lhes uma pílula multivitamínica, além de não lhes deixar em falta de vitamina C.

> *Os países que, atualmente, têm centrado suas dietas em proteína animal e carboidratos perceberam que a falta de verduras, fontes de vitaminas, nutrientes inorgânicos e fibra provocam grande número de enfermidades digestivas e obesidade.*
>
> Barros

Embora a maioria das mulheres entrevistadas tenha afirmado que não dá vitaminas para seus filhos porque os consideram bem alimentados, algumas precisam recorrer a produtos que ativam o apetite ou a doses adicionais de ferro em xarope. Na maioria dos casos, por prescrição médica.

A função dos minerais

Os minerais de que o corpo necessita podem ser obtidos a partir de várias fontes. Por isso, é importante oferecer às crianças uma dieta variada que inclua frutas, verduras, laticínios, carnes, sementes, leguminosas (feijão, lentilha, fava) e tubérculos (conhecemos, principalmente, a batata e a batata-doce).

O cálcio, em combinação com o fósforo, atua na formação dos dentes e ossos e é um dos minerais mais abundantes no organismo infantil. Esse mineral ajuda a aproveitar o ferro e favorece a passagem dos nutrientes pelas membranas celulares.

O cálcio é encontrado em laticínios, salmão, sardinha, amendoim, legumes, folhas verdes, brócolis, amêndoas e couve-da-china. Além de manter os ossos e dentes fortes, alivia as tradicionais dores infantis ligadas ao crescimento.

O zinco é um mineral importante no corpo de nossos filhos. É considerado o "policial de trânsito", o que controla os sistemas enzimáticos e celulares para o bom funcionamento dos processos fisiológicos. Além de contribuir para a formação da insulina, regula as contrações musculares na criança. Também se diz que é necessário para o desenvolvimento adequado do aparelho reprodutivo e para o ótimo funcionamento do cérebro.

Esse mineral é encontrado na costela de vitelo, no gérmen de trigo, na abóbora, nas sementes de girassol, na levedura da cerveja e no leite em pó desnatado.

A Academia Norte-Americana de Pediatria recomenda 35% de gordura na dieta dos menores de 5 anos

---

O flúor é outro mineral de primeira necessidade para o fortalecimento dos dentes e dos ossos. Contribui para evitar a cárie dental. É encontrado nos mariscos, nas gelatinas e na água fluorada. O pediatra de meus filhos, como muitos outros médicos, receitou algumas gotas de flúor durante seus primeiros anos de vida para o bom crescimento dos dentes.

O fósforo tem uma grande importância em todas as reações químicas fisiológicas do organismo infantil e é parte fundamental da formação dos ossos e dentes e para o bom funcionamento dos rins e do coração.

Esse mineral pode ser encontrado em peixes, frango, carne bovina, ovo, cereais integrais, frutas secas e sementes.

O ferro, um dos minerais mais importantes para o organismo, encontra-se no fígado, nos mariscos crus, nas carnes vermelhas, na aveia, nos aspargos e na gema de ovo.

Serve para evitar a anemia, aumenta a energia, proporciona boa cor para as bochechas, ajuda no crescimento e favorece a resistência às enfermidades. Além disso, cumpre uma função básica na produção de hemoglobina.

O potássio melhora a capacidade de aprendizagem das crianças, já que transporta maior quantidade de oxigênio para o cérebro. Favorece a eliminação de toxinas e ajuda a combater a diarreia. É importante saber que a falta de potássio pode ser gerada pelo estresse e pelo consumo excessivo de alimentos muito açucarados.

Encontramos sua fonte natural nas bananas, nas batatas, nos cítricos, no agrião e nos vegetais de folhas verdes.

O sódio ajuda a manter o cálcio e outros minerais no sangue e, em combinação com o potássio, regula os estímulos nervosos. Pode ser encontrado no sal, nos cereais, no toucinho e nos rins de boi.

O iodo, localizado em sua maior parte nas tireoides, regula o metabolismo do organismo. Se faltar iodo para a criança, os sintomas são cansaço e aumento inexplicável de peso. Esse mineral favorece o crescimento, ajuda na saúde do cabelo, unhas, dentes e pele; além disso, contribui com a energia e a vitalidade.

Um sábio provérbio diz que uma pessoa pode viver semanas sem alimento, mas somente um dia sem água. A água, como sabemos, contribui para a eliminação dos resíduos e regula a temperatura natural do organismo. O leite materno é suficiente para satisfazer as necessidades de água dos bebês, mas quando começam a crescer, convém familiarizá-los com o sabor da água natural e fazer com que bebam de quatro a seis copos diariamente.

"Recordo que um dia perguntei ao pediatra de minha filha María del Mar, de 11 anos, se as manchas brancas de suas unhas eram por causa de uma deficiência de cálcio, porque era o que todo mundo me dizia. O médico riu e disse que, de acordo com as velhas crenças, acreditava-se que era falta de cálcio, mas que na realidade era falta de zinco. Sugeriu-me que incluísse em sua dieta alimentos ricos nesse mineral, como o gérmen de trigo, os ovos, a levedura de cerveja e as sementes de abóbora. Segui as indicações do médico e, além disso, dei um suplemento de minerais; meses depois, as manchas desapareceram", comenta María Pía Masón.

As famosas proteínas

A primeira vez que um especialista em nutrição me perguntou se comia proteínas suficientes, respondi de forma afirmativa, mas sem saber sequer o que estava me perguntando. Ao chegar em casa, comecei a buscar a definição do termo e me dei conta de que as proteínas são atores fundamentais no organismo humano. No caso das crianças, servem para formar tecidos novos e reparar as células danificadas, mas também intervêm na elaboração de enzimas e hormônios, contribuem para que o sangue esteja em equilíbrio e ajudam a eliminar os resíduos. Quão importantes elas são!

Mindell afirma que, no processo de digestão, a proteína se desintegra em compostos menores, chamados aminoácidos, que, ao chegarem às células do corpo das crianças, voltam a se converter em proteínas. A natureza é sábia, não? E ainda que milhares de proteínas sejam compostas pelos mesmos 20 aminoácidos, cada uma cumpre uma função específica.

Cabe assinalar que os conhecedores dos temas nutricionais indicam que nem todas as proteínas são completas; algumas são incompletas, e é importante combiná-las para que cumpram adequadamente seu papel no crescimento dos pequenos.

É melhor que os pais se ocupem em proporcionar os materiais de construção física e intelectual e evitem pressionar os pequenos para que tenham melhores desempenhos.

Szamos

Os produtos animais são ricos em proteínas completas, mas os cereais, as farinhas e algumas frutas e verduras são ricas em proteínas incompletas. Por isso é necessário ter uma dieta equilibrada para favorecer o crescimento da criança.

Sara López, mãe de Emanuel e Lorenzo, de 12 e 10 anos, afirma que sempre foi avessa a mentir a respeito da comida. Sempre acreditou que, quando dava um prato à criança, deveria informá-la do que se tratava. Entretanto, com o tempo, descobriu que sua exagerada honestidade afetava a alimentação de seus filhos, que a cada vez se tornavam mais manhosos para comer.

"Um dia decidi que se não era por bem, seria então de outra maneira, e comecei a preparar comida adicionando muita fruta, verdura, sementes, farinhas integrais etc. É difícil reconhecer isso, mas até hoje tem funcionado. Diariamente, digo que preparei o que eles mais gostam de comer e aproveito, como dizem por aí, 'para meter minha colher'."

Os carboidratos: "vilões" da alimentação

Assim como existem proteínas completas e incompletas, também existem os carboidratos que servem e outros que, definitivamente, devemos descartar de nossa alimentação.

"Os carboidratos se decompõem dentro das células para liberar energia. A principal fonte de energia do cérebro é a glicose do açúcar, que vem fundamentalmente do amido inserido na dieta. Quando o organismo dispõe de energia suficiente, armazena os carboidratos no fígado, mas esse órgão tem um limite de armazenamento, por isso os carboidratos se convertem em gordura corporal", explica Earl Mindell em seu livro *Todo sobre las vitaminas y la alimentación para lo niños* (Tudo sobre as vitaminas e a alimentação para as crianças).

É evidente que as gorduras são tão necessárias para o adequado funcionamento do organismo quanto as proteínas ou os carboidratos, mas não na mesma proporção. Comparadas aos carboidratos e às proteínas, as gorduras produzem o dobro de calorias por grama.

O melhor, para a saúde da criança, é que grande parte das calorias que consome venha em uma maior proporção de carboidratos que de gorduras.

O conceito da dieta se desvirtuou, reduzindo-a a uma simples abstenção ou consumo determinado ou indiscriminado de certos alimentos.

GONZÁLEZ

Mindell classifica como carboidratos ruins o açúcar branco refinado, as batatas fritas, os pastéis, as bolachas, os refrigerantes, os chocolates, os chicletes e os cereais açucarados.

De acordo com Kati Szamos, especialista em nutrição, ao menos 20% da alimentação das crianças consiste de açúcar branco. Sendo, ou não, prejudicial à saúde, a realidade é que a maioria dos pais permite que seus filhos bebam refrigerantes, comam cereais polvilhados de açúcar, chocolates, bombons, pasteizinhos etc. "Essa situação se apresenta porque nós adultos não queremos ser os tiranos da história", afirma Szamos.

Não se trata de que os especialistas em nutrição ou pediatria estejam nos repreendendo, nem de nos converter em puritanos da alimentação, mas tenho certeza de que é conveniente, para nossa tranquilidade e bem de nossos filhos, oferecer alimentos saudáveis e nutritivos.

Muitos pais estão convencidos de que é muito difícil tirar certos hábitos da criança, afirmação com a qual não estou de acordo. De fato, não será simples modificar as convicções alimentares de uma criança que passou 8, 9 ou 10 anos comendo doces, tomando bebidas artificiais e mascando chicletes, mas os pequenos entendem muito bem se explicam a eles as razões pelas quais devem deixar de consumir certos alimentos. Os médicos estão certos de que as crianças são os melhores pacientes, caso conversarmos com elas de modo franco.

Tive uma experiência que me confirmou isso. Lucía, minha filha de 9 anos, um dia sofreu uma forte enxaqueca, algo de que tem padecido desde que tinha 5 anos. Quando a levei ao neurologista, este pediu que a proibisse de comer certos alimentos que eram desencadeadores de dor de cabeça. A menina entendeu perfeitamente e suspendeu tudo o que o médico havia anotado em uma lista que pregamos na porta da geladeira.

Mas a enxaqueca é muito intransigente e voltou. Então, levei Lucía a um médico especialista, que restringiu novamente os doces, as batatas fritas, os morangos, os chocolates, os pirulitos etc.

Lucía não é fanática por esses doces, mas com o que lhe disse a doutora Katz, ela os descartou de sua vida, e, ainda que reconheça que essa situação não será permanente, também entende que para seu bem-estar é melhor suspender certos alimentos.

Os carboidratos são fonte primordial de energia para o corpo. Entre os alimentos ricos em carboidratos estão as frutas, legumes, cereais e os produtos à base de cereais, como pães e massas (macarrão, talharim etc.). Bolachas, pastéis e tortas →

também são alimentos ricos em carboidratos. Há dois tipos básicos de carboidratos: os complexos, também conhecidos como amidos, e os simples, conhecidos como açúcares. Os complexos são muito mais nutritivos que os simples, como o açúcar branco presente nas sobremesas doces. As frutas, os cereais e os legumes contêm proteínas, vitaminas e minerais, além de açúcares e amidos, o que não se verifica nos doces e bombons.

Fonte: *Cómo alimentar a sus hijos* (Como alimentar seus filhos), Katlheen Moloney.

As gorduras

As gorduras são fonte concentrada de energia, por isso se diz que têm o mais alto teor de calorias. Além disso, melhoram o sabor e a textura de muitos alimentos. Os depósitos de gordura do nosso corpo isolam e protegem os órgãos vitais.

Geralmente, a única coisa que sabemos sobre as gorduras é que aumentam os níveis de colesterol, podem ser saturadas (as gorduras saturadas encontram-se principalmente nas carnes vermelhas, nos ovos, na manteiga e outros produtos provenientes do leite integral) ou insaturadas, também conhecidas como "gorduras boas". Essas últimas podem ser de dois tipos: monoinsaturadas ou poli-insaturadas. As monoinsaturadas são encontradas em algumas gorduras animais e em vários óleos vegetais, como o de oliva, amendoim e abacate. As poli-insaturadas são encontradas nos óleos vegetais, como o de milho, cártamo, girassol e soja.

A questão das gorduras, que aparentemente devia ser motivo de preocupação exclusiva dos adultos, transformou-se em algo controverso na nutrição infantil norte-americana. Para dizer a verdade, as crianças necessitam de lipídeos em suas dietas para obter energia e calorias necessárias para brincar e crescer de maneira adequada. Entretanto, a Associação Norte-Americana de Cardiologia exigiu que os pais promovessem um menor consumo de gorduras pelos filhos.

Às crianças e adolescentes do ensino fundamental recomenda-se limitar o consumo de gorduras a 30% das calorias que ingerem diariamente, repartidas em 10% de gorduras saturadas, 10% de monoinsaturadas e 10% de poli-insaturadas.

No entanto, a Academia Norte-Americana de Pediatria recomenda 35% de gordura na dieta dos menores de 5 anos. Sem dúvida, as pautas nutricionais corretas na infância e na adolescência constituem uma prioridade, já que uma dieta inadequada nos primeiros 10 anos de vida não somente repercute negativamente no crescimento, no desenvolvimento e na regulação metabólica e hormonal, mas também afeta a saúde na vida adulta.

A fibra

Leticia Marván afirma que o conceito de fibra refere-se a um conjunto de hidratos de carbono complexos que o organismo não digere, nem absorve, e que não contribui com energia como outros, mas que é indispensável para o bom funcionamento corporal.

As fibras podem se dividir em dois grupos básicos, com origens e propriedades distintas: as solúveis e as insolúveis. As solúveis facilitam a excreção de substâncias gordurosas como o colesterol e ajudam a regular a absorção de açúcares simples. Entre elas temos a aveia, por exemplo.

Por sua vez, as insolúveis dão consistência às fezes e facilitam a digestão. Dessa forma, promovem a regularidade do intestino, já que previnem a constipação intestinal. Aqui se encontram as frutas e verduras, assim como o farelo. Para organizar uma dieta com conteúdo adequado de fibra, explica Marván, não é necessário comprar produtos anunciados como possuidores de alto teor de fibra, mas sim consumir pratos tradicionais que incluam alimentos variados. Também se deve comer, a cada dia, frutas e verduras de época em quantidades suficientes, escolher alimentos que forneçam maior quantidade de fibra por porção, ingerir diferentes tipos de leguminosas pelo menos duas vezes por semana, preferir o consumo de frutas inteiras, se possível, com casca, e substituir total ou parcialmente farinhas refinadas por suas apresentações integrais.

Dona de uma extraordinária sensibilidade como especialista em nutrição, Marván comenta que não é necessário decorar cada um dos termos nutricionais, nem contar as porções dos nutrientes que damos aos nossos filhos cotidianamente. O importante é oferecer-lhes comidas saudáveis e equilibradas.

"Falar de nutrição e de alimentação significa muito mais que mencionar um mero aspecto da vida cotidiana das pessoas; os hábitos alimentares de cada indivíduo estão vinculados aos seus gostos, costumes e experiências. Por isso, fazer uma comparação entre alimentos não faz sentido; tampouco deixar de comer alimentos em detrimento de outros. Proibir o consumo de alguns produtos, menos ainda", afirma Leticia.

Perguntas

Para entender o vocabulário nutricional, devemos nos perguntar:

1. Sabemos para que servem as vitaminas e os minerais?
2. Quais são as diferenças entre as proteínas e as gorduras?
3. Sabemos algo sobre a importância da fibra?
4. Sabemos quais são os carboidratos "bons"?
5. Sabíamos que a pirâmide alimentar está sendo substituída, aos poucos, pelo "prato do comer bem"?
6. Nossos filhos comem de maneira nutritiva e equilibrada?

4

Comer não é um castigo

"Quando era menina, a hora de comer era o momento mais tortuoso do dia. Era quando meus pais decidiam acertar as contas conosco pelas avaliações escolares, pelo mau comportamento na última vez em que estivemos na casa de nossos avós, por termos brigado com nosso irmão menor etc. E você me pergunta se comer era um castigo? Claro que era", afirma Esperanza Maldonado.

Entretanto, apesar dessas más lembranças, ela cuida para que a hora da refeição seja um momento agradável para seus filhos e seu marido.

Os especialistas afirmam que muitos problemas relacionados à alimentação, como pular refeições, alimentar-se em excesso ou comer uma dieta monótona, têm sua origem na infância, e o melhor momento para preveni-los é durante as refeições. Tomemos como exemplo os amigos, geralmente ficamos com eles para tomar café da manhã, almoçar ou jantar. Por quê? Porque são momentos de relaxamento, tranquilidade e calma, quando aproveitamos para falar com eles e não para reclamar deles, criticá-los ou questioná-los em seu comportamento. Que fazemos com os amigos? Escolhemos um bom restaurante, aquele que sirva pratos suculentos e, de preferência, buscamos um lugar tranquilo e longe da confusão da cidade. Vestimo-nos bem, chegamos de bom humor e saímos satisfeitos por desfrutar de momentos tão agradáveis. Por que não podemos fazer o mesmo com as refeições de nossos filhos? Na maioria dos casos, porque as crianças são rabugentas e nos deixam de muito mau humor quando não querem comer. Um amigo jamais nos diria que a sopa que preparamos para ele é a que mais odeia. Já os filhos, com a maior desfaçatez, dizem: "Eca! Creme de alho-poró!" Assim, a hora de comer é um castigo para qualquer mãe.

Em lugar de obrigar os filhos a comer, deveríamos confiar mais neles e em sua própria natureza. Sem dar espaço aos caprichos, é importante que entendamos seus hábitos e gostos

Outro fator que influencia para que a hora do almoço ou da refeição seja uma tortura são os modos dos pequenos. Daniel tem o mau hábito de colocar os cotovelos na mesa, e Lucía, em vez de comer, fala e fala até a comida esfriar e endurecer. Obviamente, passo a refeição dizendo a eles "Daniel, os cotovelos", "Lucía, fale menos e coma mais", e normalmente não dão a mínima para isso. Muitas vezes me dou por vencida, mas sei que ainda há muito caminho a percorrer em matéria de bons modos. Conheço uma mulher que, para que seus filhos não se sujem nem demonstrem seus maus hábitos, corta a carne para eles, esfria o arroz e decide quanto de tempero devem colocar em sua salada. O problema é que as crianças têm 10 e 12 anos.

Erika Gavaldón, mãe de Daniela, de 7 anos, comenta que batalhava muito para que sua filha não falasse com a boca cheia de comida:

> A menina nunca se lembrava que devia manter a boca fechada enquanto comesse. Por fim, comprei para ela um manual de bons modos, escrito especialmente para crianças, e funcionou. Os personagens mantinham o interesse da menina e, enquanto isso, ensinavam bons modos.

Elizabeth Beltrán assegura que a melhor maneira de ensinar bons modos às crianças é com o exemplo: "Meu marido e eu sempre pedimos 'por favor', também dizemos 'obrigada', não falamos com a boca cheia nem colocamos os cotovelos na mesa. As crianças aprendem melhor assim que por meio de repreensão".

Maité Plazas, em seu artigo "Que as crianças aprendam e desfrutem de uma boa alimentação", sugere:

1. planejar o que vamos comer;
2. comer alimentos variados e combiná-los;
3. oferecer a mesma comida para todos os membros da família;
4. preparar os alimentos com higiene.

Da mesma forma, oferece uma série de atividades de apoio para evitar os maus momentos durante as refeições:

1. fazer as refeições na mesma hora todos os dias;
2. comer sentados;

3. separar tempo suficiente para comer tranquilos;
4. estabelecer o hábito de lavar as mãos antes de cada refeição e de escovar os dentes depois;
5. levar em conta que as horas das refeições são para comer, desfrutar e compartilhar esse momento;
6. servir uma comida simples em um ambiente agradável em vez de uma comida cara ou muito elaborada no meio de reclamações e rivalidades;
7. procurar comer sempre em família;
8. evitar usar os alimentos como prêmios ou castigos.

Quantas vezes ameaçamos nossos filhos de fazer um caldo de toda a comida e fazer-lhes comer se não se apressarem ou não terminarem a salada? Quem já não transformou a sobremesa em um presente precioso, sempre e quando deixam o prato de arroz limpo?

Nós, mães, nos valemos de todo tipo de truque para ver nossos filhos comerem. Contudo, em lugar de obrigá-los, deveríamos confiar mais neles e em sua própria natureza. Nossas obsessões e preocupações com relação ao crescimento de nossos filhos são, em síntese, as que fazem com que as horas das refeições sejam momentos insuportáveis para todos. Sentimo-nos mal, mas a criança também fica infeliz.

Meu filho cresce adequadamente?

Esteja certo de que, ainda que não vejamos as crianças comendo como gostaríamos e acreditemos que estão "pequenas para sua idade", elas, em sua maioria, crescem. Cabe ressaltar que cada criança tem seu próprio padrão de desenvolvimento e as tabelas que os pediatras usam para medir a curva de crescimento de nossos filhos contêm aproximações. Nem o peso nem o tamanho devem ser idênticos aos estabelecidos. Entretanto, temos de estar alertas a qualquer sinal que nos pareça estranho, como, por exemplo, quando o peso ou o tamanho da criança encontra-se muito abaixo do comum, seu apetite está diminuindo de forma significativa, engorda, mas não cresce, se mostra apática e sempre cansada. Nós, como mães, podemos perceber quando estamos diante de uma situação dessa natureza.

O crescimento normal

Aos 4 meses, duplicou o peso que tinha ao nascer.

Com 1 ano, triplicou o peso ao nascer.

Durante o segundo ano, a criança aumenta um pouco menos do que pesava ao nascer.

Depois dos 2 anos, o aumento de peso se faz constante, sendo de aproximadamente dois quilos e meio por ano.

A estatura

Durante o primeiro ano, a estatura aumenta 50% da que tinha ao nascer.

Aos 4 anos, a estatura é o dobro da estatura ao nascer.

Aos 13 anos, a estatura é o triplo da que tinha ao nascer.

→

Fatores que afetam o crescimento

O peso e a estatura ao nascer.

Às vezes, o nascimento prematuro.

A genética: estatura dos pais e avós.

O padrão individual de crescimento.

O meio ambiente.

Fonte: *Comidas sanas, niños sanos*, Bridget Swinney.

Lucía, minha filha, nasceu muito pequena e muito magra. Durante alguns anos, o pediatra via que a menina crescia, mas não como deveria e, por isso, seguia sua curva de crescimento muito de perto para evitar algum problema posterior. Vigiou a alimentação da menina e, até agora, aos 9 anos, sua estatura corresponde, pela primeira vez, à média das meninas mais baixinhas de sua idade. Isso não me preocupa muito, porque venho de famílias magras, e minha mãe é muito pequena. E, sobretudo, porque eu supervisiono o que come. Cumpro minha tarefa adequadamente, ofereço alimentos sadios e nutritivos e espero que a natureza faça sua parte.

Para uma criança de 3 anos, pode ser uma tragédia, que a faria se desesperar, caso uma fatia de presunto ou de pão não esteja exatamente inteira, faltando um pedacinho minúsculo.

MALDONADO

Cada família enfrenta seus próprios problemas com relação à alimentação de seus membros e, definitivamente, a única maneira de saber o que funciona ou não com as crianças é experimentar até encontrar um método efetivo.

A seguir estão relacionadas algumas recomendações para que a refeição seja um momento agradável. Elas sintetizam as diversas ações empreendidas por um grande número de mães.

Em primeiro lugar, é importante organizar um programa diário de refeições. Sempre escutamos as mães, incluindo a mim, lamentarem que seus filhos “visitam” a cozinha a tarde inteira. Mas como não vai ser assim se as crianças necessitam comer a cada três ou quatro horas? É recomendável fazer três refeições mais fortes e dois lanches acompanhados de água, leite e sucos. Organizar esses recreios alimentares permitirá que façamos a seleção do que é mais adequado para as crianças antes que peçam qualquer coisa. Outra tática que funciona é a de planejar a última refeição do dia. Uma boa refeição deve ser balanceada: pão, arroz ou macarrão, uma fruta ou vegetal, e uma fonte de proteínas como a carne, o queijo ou os grãos. Não devemos preparar pratos especiais para alguém da família. Todos deverão comer o mesmo. Muitas de nós caímos no erro de preparar uma comida ou jantar para as crianças e outra para os adultos. É muito melhor preparar um jantar familiar completo, levando-se em conta os gostos de todos, e alcançar a meta de criar uma dieta balanceada que nos leve a uma alimentação sadia. Devemos evitar todo tipo de comentários sobre o que e como estão comendo as crianças. Não esqueçamos que nossa parte nesse negócio é oferecer comida nutritiva. Deixemos que comam em paz. Para muitas mães funcionou introduzir paulatinamente comidas novas às dietas de seus filhos. Se não funciona na primeira vez, devemos tentar de novo, três ou quatro dias depois. É preferível não nos darmos por vencidos: quem persevera alcança.

O café da manhã é, como julgam os especialistas, a refeição mais importante do dia, sobretudo para as crianças. Depois de sete ou oito horas de jejum, elas necessitam recuperar energia. Façamos com que os cafés da manhã se transformem em importantes fontes de nutrientes e introduzamos fibra, vitaminas e proteínas. As mães mais pacientes têm envolvido seus filhos na cozinha de modo bem-sucedido. Afirmam que se lhes damos a oportunidade de participar na preparação da comida, as crianças se mostram muito mais interessadas em comer o que elas mesmas prepararam. Para mim também funcionou. Algumas vezes, Lucía prepara o suco de limão e nos chama para tomar. Ela mesma bebe até três copos. Se seguirmos ao pé da letra o *slogan* de que nós somos responsáveis pelo que oferecemos de comer à criança, então podemos evitar a entrada da irresistível *junk food* em nossas casas.

O café da manhã é, como julgam os especialistas, a refeição mais importante do dia, sobretudo para as crianças. Depois de sete ou oito horas de jejum, elas necessitam recuperar energia

As comidas processadas industrialmente contêm altos níveis de corantes e compostos químicos que não fazem bem. Se reduzirmos a quantidade de *junk food* que há na geladeira ou na despensa, a única opção para a criança será comer frutas e outros alimentos nutritivos. Isso tampouco significa que tenhamos que erradicar da vida de nossos filhos um ou outro doce. Se permitimos que comam algum de vez em quando, eles mesmos irão deixá-los de lado aos poucos. Ellyn Satter afirma que muitas vezes os pais se preocupam com o quanto seus filhos comem entre refeições, o que tratam de prevenir. Mas isso não é necessário. As crianças necessitam de muita energia e, em geral, não podem comer muito de cada vez, por isso convém alimentá-las a cada três horas, aproximadamente. O importante, na verdade, é controlar o tipo de alimentos que comem e quando os comem.

> *Um aspecto muito importante do desenvolvimento físico infantil é o crescimento do cérebro. Este começa a crescer antes do nascimento. Cresce mais rápido durante os primeiros meses da vida da criança. Aos 2 anos, desenvolveu-se aproximadamente 75% e alcança o tamanho máximo entre os 6 e os 10 anos. Os estudos têm demonstrado que a nutrição durante os primeiros meses de vida pode produzir um efeito cognitivo perdurável na criança.*
>
> SATTER

A especialista em nutrição recomenda oferecer porções às crianças entre uma refeição principal e outra. Sugere que esperemos tempo suficiente depois da refeição principal para que as crianças saibam que, caso se neguem a comê-la, deverão esperar um tempo antes de poder ingerir algo. Assim evitaremos que deixem a refeição principal e em seguida comecem a dizer que estão com fome. Também é mais fácil resistir às súplicas das crianças se elas sabem quando vão receber uma porção de algo. Se tomam café da manhã cedo e jantam (ou almoçam) tarde, é possível que tenhamos de lhes dar refeições rápidas mais de uma vez. É importante lhes darmos uma refeição rápida com proteínas, gorduras e carboidratos duas a três horas depois do almoço. Mais tarde, podemos oferecer algo com menos carboidratos, como sucos de fruta e bolachas salgadas.

Verónica Ovalle, mãe de Sofía e Julián, de 12 e 9 anos respectivamente, dá algumas dicas, que funcionaram, de como regular os lanches entre as refeições.

"Escolho uma hora razoável para lhes dar um lanche e ponho a comida na mesa. Dessa forma, e sem que eles se deem conta, controlo a hora, o lugar e o tipo de alimento que vão comer. Se espero que eles me peçam algo, geralmente já têm uma ideia do que estão com vontade e, então, começa a discussão. Da minha maneira de fazê-lo, só aviso que na mesa há alguns lanchinhos que podem comer se estiverem com fome."

Se optarmos por essa técnica, que parece muito sensata e nada complicada, deveremos escolher pratos nutritivos. Se quisermos que seus estômagos mantenham-se satisfeitos durante horas, ofereçamos alimentos que tenham proteínas, gorduras e carboidratos. "Os lanches devem ser suficientemente substanciosos para satisfazer uma criança que tem fome", sugere Ovalle.

Ideias para lanches nutritivos

Elizabeth Lozano, especialista em nutrição e mãe de Diego, de 4 anos, faz algumas recomendações para preparar lanches.

Sentemos um dia qualquer para planejar os cafés da manhã, as refeições e os jantares de toda semana. Essa atividade, além de organizar nossos horários, evitará mudanças de cardápio de última hora.

Cereais

Produtos elaborados de preferência com farinha integral.

- Bolachas de centeio, pão árabe e bolachas de grão integral. Servir o pão e as bolachas com queijo, creme de amendoim ou um copo de leite para acrescentar proteínas e gorduras.
- Cereais secos que podem ou não ir acompanhados de leite para acrescentar proteínas e gorduras. Agregar frutas secas, nozes e sementes para dar variedade e aumentar os nutrientes.
- Pipoca com queijo ralado no lugar de sal e manteiga.
- Sucos de fruta e verdura no lugar de refresco de fruta em pó ou enlatados.
- Pode ser oferecido leite para acompanhar o pão, as bolachas, o cereal etc. Podemos misturá-lo com banana ou outras frutas para fazer uma vitamina saudável. Para melhorar o sabor, podemos recorrer ao extrato de baunilha, mel, melaço ou também um pouco de açúcar.

Porções de verduras

- Cortar verduras frescas, cruas, em pedaços. Se puder, servir as verduras com creme de amendoim, queijo, requeijão ou leite para acrescentar proteínas e gorduras. Acompanhar com bolachas de sal ou sucos de fruta para acrescentar carboidratos.

Porções de frutas frescas

- Cortar a fruta em fatias ou servi-la inteira. Acompanhá-la de creme de amendoim, requeijão, iogurte, queijo cottage ou leite para acrescentar proteínas e gorduras.

Porções de frutas secas, nozes e sementes

- Servir as frutas secas com nozes, amêndoas, noz-da-índia, amendoim ou sementes de abóbora, chuchu e girassol, para acrescentar proteínas e gorduras.

Leticia Marván, no livro que mencionamos, também nos dá algumas recomendações gerais para apreciar a alimentação e nutrir, de maneira saudável, a criança em idade pré-escolar e escolar:

- Planejar refeições familiares apetitosas, variadas e equilibradas.
- Num plano diário de alimentação, incluir café da manhã e lanche substanciais, de maneira que a criança alcance um bom desempenho escolar e possa realizar alguma atividade física adequadamente.
- Dar tempo suficiente à criança para que tome o café da manhã e possa mastigar os alimentos de maneira adequada. Se for ne-

cessário acordá-los mais cedo, não hesitemos. Isso também se aplica para períodos de férias.

- Ao planejar os alimentos para a merenda ou lanche escolar, é importante oferecer à criança petiscos saborosos, simples, fáceis de conservar, econômicos e nutritivos.
- Levar em conta que a família é a principal influência no desenvolvimento de hábitos de higiene e de alimentação. A conduta dos pais é a chave durante essa etapa, não só como exemplo de como comportar-se à mesa, mas também do tipo de alimentos que convém ingerir. Por isso, é indispensável que a alimentação familiar seja completa, variada e sadia.
- Ao planejar as refeições, é conveniente incluir as crianças na seleção e preparação dos alimentos.
- É importante que a orientação dos pais com relação ao que as crianças devem comer seja firme e consistente, já que muitas vezes a publicidade e as lanchonetes escolares interferem na formação dos hábitos alimentares e na economia doméstica.
- É recomendável que a criança se sente à mesa e ingira seus alimentos com tranquilidade, que possa desfrutar e aproveitar esses momentos como a oportunidade de se comunicar e de se integrar familiar e socialmente.
- É preciso evitar ao máximo escolher a hora da refeição como o momento das repreensões e das chamadas de atenção.
- Não existe nenhum alimento indispensável. Todos podem ser substituídos por um equivalente. Por isso, não devemos nos desanimar nas disputas com as crianças por alimentos. Se não gostam da abóbora, por exemplo, busquemos um substituto.

- Tenhamos sempre em mente que, de 2 a 7 anos, a criança tem muitos interesses distintos e o que menos lhe preocupa é comer. Melhor dar-lhe menos de comer com maior frequência.

Alimentemos nossos filhos com bom-senso

Uma recomendação a mais, que tanto os especialistas em nutrição como algumas mães nos dão para evitar que a comida seja um castigo, é cozinhar de forma simples e com o máximo bom-senso. Para isso, dizem, é prioritário abastecer nossa despensa e geladeira com alimentos saudáveis.

A seguir apresentamos um questionário que pode nos ajudar a valorizar a maneira como compramos a comida. Responda apenas "sim" ou "não".

Autoavaliação

1. A geladeira está bem provida de leite?
2. Regularmente compramos produtos com pouca gordura e carne sem muita pele, também chamada de carne magra?
3. Compramos esporadicamente batatas fritas, salgados ou alguma outra guloseima?
4. Compramos com frequência salsichas ou carne vermelha?
5. Compramos alimentos ricos em proteínas de diversos tipos, incluindo carne bovina, frango, peixe, queijo e legumes?
6. Na geladeira, dispomos sempre de verdura e fruta abundante e fresca?

7. Compramos habitualmente pães e cereais integrais?
8. Compramos comida preparada?
9. A lista de alimentos que nos acompanha ao mercado conta com tudo o que se recomenda na pirâmide dos alimentos?
10. Compramos alimentos para fritar?

Se respondemos "sim" para as 10 perguntas, nossos hábitos de compra de alimentos são muito razoáveis. Entre seis e nove perguntas com resposta afirmativa, nossos hábitos de compra podem melhorar. Cinco ou menos perguntas com um "sim", os especialistas sugerem que leiamos com atenção as recomendações a seguir, dadas por Bridget Swinney, para comprar com bom-senso.

Sentemos para planejar os cafés da manhã, almoços e jantares de toda a semana. Isso permitirá que saibamos o que é necessário comprar e nos sentiremos menos tentados a pedir qualquer comida rápida pelo telefone. Da mesma forma, é conveniente pregar uma lista na porta da geladeira de maneira que saibamos o que está acabando e é preciso comprar em nossa próxima ida ao supermercado. Temos de comprar somente o que consta na lista.

Está comprovado que não convém ir ao supermercado quando se está cansado ou faminto, pois podemos adquirir alimentos menos saudáveis e com maior porcentagem de calorias. Devemos fazer compras considerando as prioridades alimentares da família.

Como deve ser a alimentação da família

Deve incluir uma grande variedade de alimentos.

Deve equilibrar o consumo de alimentos com uma atividade física que se pratique de forma regular para manter ou melhorar seu peso.

Deve manter uma dieta com cereais, verduras e frutas abundantes.

Deve ter pouca quantidade de gorduras saturadas, colesterol e açúcares.

Perguntas

Todos nós sabemos da importância que os alimentos possuem. Por isso:

1. A cada manhã, complico minha vida pensando sobre o que meus filhos comerão?
2. Temos pouco repertório alimentar? Temos nos perguntado por quê?
3. Em nossa família há rotinas para alimentação?
4. Utilizamos algum alimento preferido por nossos filhos para chantageá-los e forçá-los a comer bem?
5. Comparamos a forma de comer e o crescimento de nossos filhos com os de outras crianças?
6. Para não nos transformarmos na "vilã do filme" ou para evitar que continuem insistindo, permitimos a nossos filhos comer o que eles quiserem?

5

Em busca de uma alimentação nutritiva

"Como mãe que trabalha, é muito difícil organizar a comida a semana toda. Prometo, mas sempre termino dando a mesma coisa às crianças. Dou comida nutritiva, mas com pouca variedade. Não me ocorre nada diferente da tradicional sopa de macarrão, arroz, tomate com pepinos e carne ou peito de frango assados", assinala Berenice Corral, mãe de Andrea, de 7 anos, e de Carolina, de 5.

Mary Carmen Ibarra é uma mãe que não trabalha fora de casa, mas que tem os mesmos problemas com a alimentação de seus filhos: não consegue imaginar nada novo para o cardápio.

"Sei tão pouco de alimentação! Nunca encontrei um livro ou uma revista que facilitasse a tarefa de cozinhar. Gosto muito de fazer isso para meus filhos, mas dificilmente tenho ideias de pratos novos. Além disso, creio que a variedade de alimentos é pouco realista com as crianças. Elas não gostam de pratos muito condimentados ou muito elaborados", expressa.

> O *Sistema de Equivalentes*, o qual associa alimentos em grupos, de maneira que possam ser substituídos uns pelos outros, sem alterar o conteúdo energético da dieta e o equilíbrio de nutrientes

Há uma série de questões sobre o crescimento das crianças que nos conviria conhecer para, em função disso, preparar-lhes os alimentos. Certamente, não há como ver um filho comer bem e de tudo, e em muitos casos isso não é alcançado antes dos 18 anos. Considero que tampouco vale muito a pena quebrar a cabeça pensando em preparar pratos sofisticados para a família. Tendo alimentos nutritivos e que cumpram os requisitos nutricionais, pode-se até improvisar. A chave do sucesso na cozinha é combinar, em cada refeição, alimentos dos três grupos básicos para favorecer a suficiência e o fornecimento completo de todos os nutrientes.

Há diversas classificações de grupos de alimentos. Neste livro apresentamos duas: a primeira, considerada a mais simples por muitos especialistas em alimentação, tem como base a contribuição nutricional dominante e divide os alimentos em três grupos:

1. **Cereais, tubérculos, gorduras e açúcares.** A contribuição principal deste grupo é a energia. É constituído por pão, batata, massa e arroz. Da mesma forma, temos o mel, o óleo, as geleias e os açúcares.

2. **Frutas e verduras.** Sua principal contribuição à dieta humana são as vitaminas, os minerais e as fibras.
3. **Leguminosas e alimentos de origem animal.** A contribuição básica são as proteínas, e deste grupo fazem parte os produtos lácteos, o ovo, todo tipo de carnes e leguminosas como o feijão e a lentilha.

A segunda classificação é a que se denomina *Sistema de Equivalentes*, o qual associa alimentos em grupos, de maneira que estes possam ser substituídos uns pelos outros, sem alterar o conteúdo energético da dieta e o equilíbrio de nutrientes. Esse sistema agrupa alimentos e também especifica as porções de outros alimentos equivalentes. Dito de outro modo, eles fornecem a mesma quantidade de energia (por exemplo, uma fatia de pão equivale a três xícaras de pipoca sem óleo).

O *Sistema de Equivalentes* classifica os alimentos em nove grupos: cereais, tubérculos, açúcares, gorduras, leguminosas, carne, leite, frutas, verduras A e verduras B.

Leticia Marván recomenda planejar as refeições de acordo com a classificação dos alimentos em três grupos. Esse esquema funciona, também, se quiser comprar bem gastando pouco.

Quadro 1. Comparação de alimentos equivalentes

Baratos	Caros
Arroz (por quilo)	Arroz selvagem
Atum	Bife
Pão branco	Pães especiais
Abobrinha	Broto de abóbora →

Carne de porco	Bistecas defumadas
Carne moída	Filé
Chuchu	Alcachofra
Fraldinha	Picanha
Morango	Framboesa
Bolachas nacionais	Bolachas importadas
Alface	Berinjela
Melão	Uvas
Pescada	Bacalhau
Laranja	Pequeno sapoti
Nopal	Aspargos
Batata	Batata frita comercial
Mamão papaia	Kiwi
Frango inteiro	Peito de frango
Queijo fresco	Queijo gruyere
Salsichas	Presunto defumado
Sardinhas	Robalo

A inevitável *junk food*

Como pais, devemos ter muito cuidado ao oferecer a nossos filhos petiscos ou refrescos artificiais, já que isso pode resultar em enfermidades ou em costumes que alteram sua saúde na vida adulta. Em seu artigo "É bom que meu filho consuma petiscos e refrigerantes?", o doutor José Alberto García, membro do corpo de pediatras do Hospital Infantil "Federico Gómez", explica que, quando oferecemos a nossos filhos alimentos não naturais, devemos prestar atenção aos compostos que os acompanham, pois alguns contêm grandes quantidades de sal, sabor e corantes artificiais ou compostos industrializados, que em algumas ocasiões podem ser naturais, como é o caso da pimenta.

O convidado permanente: o refrigerante

Cada litro de refrigerante contém aproximadamente 11,6 gramas de carboidratos, que equivalem a algo entre 100 e 120 gramas de açúcar. A quantidade recomendável de consumo de açúcar por dia são 25 gramas. Um litro de refrigerante bebido quadruplica a necessidade diária de açúcar.

Os carboidratos (equivalentes do açúcar) contidos em uma bebida gasosa são simples: fornecem energia por um período curto de tempo e são absorvidos e digeridos pelo organismo com facilidade, diferentemente dos carboidratos complexos, contidos em outros alimentos, cuja absorção leva mais tempo, mas estimula o organismo por um período de quatro a seis horas.

Dados da Procuraduría Federal del Consumidor (Profeco), do México, apuram que os refrigerantes de cola contêm 355 ml de cafeína: um terço do que contém uma xícara de café. A cafeína da bebida, acompanhada de gás, pode atuar mais rapidamente no cérebro. Esse alcaloide estimula o córtex cerebral, produz um pensamento rápido e claro e afasta a moleza e a fadiga. Mas a cafeína contida no refresco, se consumida em abundância, altera a pressão arterial, o ritmo cardíaco e o diâmetro dos vasos sanguíneos. Em organismos sensíveis, estimula a secreção de ácidos gástricos que ocasionam as úlceras. Nós é que decidimos se o banimos ou não da mesa familiar.

García também comenta que todos estamos conscientes de que o consumo de sal em excesso nos adultos produz aumento da pressão arterial, o que predispõe a enfermidades do coração em etapas prematuras da vida. A esse respeito, o médico afirma:

> O consumo de sal nas crianças foi um tema controvertido, uma vez que há alguns anos dizia-se que essa prática produzia aumento da pressão arterial. Porém, pesquisas recentes comprovaram que tal aumento não é da magnitude que se supunha. Contudo, caso a criança se acostume a consumir sal, ela será um adulto que o fará em excesso. Por isso é preciso que se ensine as crianças a consumi-lo com moderação e evitar que se alimentem dos chamados "petiscos", já que contêm uma grande quantidade desse mineral, entre outros compostos.
>
> Esse tipo de alimento utiliza outros elementos para acompanhar o sabor, como os produtos temperados, que além de conter grandes quantidades de sal, causam grandes danos às vias digestivas, em especial ao estômago. Por isso não é nenhuma surpresa encontrar crianças com dor frequente no abdome, o que pode desencadear gastrite.

Leticia Marván afirma que os especialistas em nutrição sempre se deparam com perguntas como "o que é melhor comer: pão ou bolo?", "o que posso dar a meus filhos para que na festa infantil desta tarde não comam salsichas, batatas fritas, nem doces?".

> A Organização Mundial da Saúde (OMS) define a saúde como pleno bem-estar biológico, psicológico e social do indivíduo. A alimentação é parte medular da saúde

"A primeira coisa que devemos fazer é perguntar aos pacientes o que preferem, do que gostam, a que estão acostumados e, em função disso, elaborar uma plano nutricional", afirma Leticia.

"As pessoas acreditam erroneamente que comer de modo sadio é comer aquilo de que não gostam e estão dispostas a se sacrificar sem desfrutar do que ingerem. Infelizmente, é mais possível a adoção de condutas absurdas do que a restauração de hábitos alimentares adequados, que são mais simples de seguir do que comumente se imagina", expõe a especialista.

Ao ser questionada sobre a *junk food*, afirma: "Não há alimentos e nutrientes bons e maus, nem sadios ou danosos por si mesmos; se for para emitir um juízo, deve estar orientado pela dieta em seu conjunto e os hábitos da vida do indivíduo, e não somente pelo consumo isolado de algum alimento".

Se uma dieta se baseia no consumo de um só tipo de alimento, será desequilibrada e poderíamos qualificá-la de "dieta *junk*", mesmo quando o alimento que consumimos seja considerado saudável ou portador de vitaminas e proteínas do ponto de vista nutricional.

A Organização Mundial da Saúde (OMS) define a saúde como pleno bem-estar biológico, psicológico e social do indivíduo. E a alimentação é parte medular da saúde. Por isso, a dieta tem de satisfazer, consequentemente, necessidades biológicas, psicológicas e sociais.

O quadro seguinte pode ser de muita ajuda para a compreensão das características de uma dieta sadia. De acordo com a bibliografia especializada, o estabelecimento de uma pauta alimentar saudável inclui entre 6 e 11 porções de grãos por dia: pão, cereais, arroz e massas.

Os derivados dos grãos contêm carboidratos, vitaminas, ferro e fibra. As crianças necessitam dos grãos como fontes de energia para crescer, desenvolver-se e aprender, assim como para se manter fisicamente ativas. Os carboidratos complexos e os açúcares são valiosas fontes de energia. Devemos lembrar que quanto mais vitaminas e minerais existirem por porção, mais nutrientes haverá para o crescimento e desenvolvimento da criança.

Com relação às frutas e vegetais, fornecem carboidratos, vitaminas A e C, assim como ácido fólico, os quais contribuem para a saúde dos olhos, da pele e do sangue. Faça com que sua família consuma entre duas e quatro porções diárias de frutas, como morangos, laranjas e pêssegos, bem como entre três e cinco porções de vegetais, que podem ser cenouras, abóbora e brócolis.

Além disso, duas a três porções de leite, iogurte e queijo como fontes de proteína, cálcio e vitamina D, as quais contribuem para o fortalecimento dos ossos e dentes, bem como duas ou três porções de carne, frango, peixe, feijões e ovos para que contribuam com proteínas e ferro, úteis para a formação dos músculos.

Característica da dieta	Dimensão da alimentação	Significado
Completa	Biológica	Deve conter todos os nutrientes, incluídos os alimentos dos três grupos básicos em cada refeição: 1. Cereais e tubérculos; 2. Frutas e verduras; 3. Leguminosas e alimentos de origem animal.
Adequada	Biológica, psicológica e social	A dieta deve se adequar às condições do indivíduo, à sua idade, a seu estado de saúde e à sua atividade física. Da mesma forma, deve corresponder às circunstâncias particulares: ocupação, orçamento, costumes, clima e zona geográfica de residência.
Variada	Psicológica e social	A dieta deve ser um fator de satisfação dos sentidos, com cores, sabores, texturas, odores e formas diferentes. Devem-se incluir diferentes alimentos e pratos em cada refeição. Comprar frutas e verduras próprias da estação. Preparar os alimentos de acordo com diferentes receitas ou técnicas culinárias. →

Inócua	Biológica e social	Isto quer dizer que a dieta não deve implicar riscos para a saúde, seja pela forma como é preparada ou pela qualidade dos alimentos. Não deve tampouco conter substâncias tóxicas ou danosas. Também significa que se deve comer com moderação a fim de evitar danos.
Suficiente	Biológica e social	Deve ser suficiente para que a pessoa sacie sua fome, e os nutrientes devem cobrir as necessidades do indivíduo.
Equilibrada	Biológica	A proporção entre nutrientes deve favorecer a saúde. Não deve conter excessos nem deficiências de algum nutriente, de maneira que possa ser aproveitada ao máximo.
Agradável	Social	Comer deve ser um prazer pessoal e social. Deve-se comer em um clima de tranquilidade e sem pressa. A hora da refeição deve ser um momento de convivência agradável e não de tensão, reclamações e repreensões.

Fonte: Leticia Marván, *Gaceta de Excelencia Educativa*, núm. 1, México, 2000.

Para fins de orientação alimentar, podem-se identificar três grupos de alimentos:

1. Verduras e frutas

- Verduras: acelga, beldroega, espinafre, flor de abóbora, brócolis, couve-flor, abóbora, chuchu, ervilha, tomates, cogumelos, beterraba, cenoura, abacate, pepino e alface, entre outras.
- Frutas: goiaba, mamão papaia, melão, toranja, lima, laranja, mexerica, banana, sapoti, ameixa, pera, maçã, morango, manga, damasco, uvas e melancia, entre outras.

2. Cereais e tubérculos

- Cereais: produtos de milho, produtos de trigo, como pão, bolachas e massa; arroz, aveia e cevada.
- Tubérculo: batata, batata-doce e mandioca.

3. Leguminosas e alimentos de origem animal

- Leguminosas: feijão, fava, lentilha, grão-de-bico, ervilha e soja.
- Alimentos de origem animal: leite, queijo, iogurte, ovo, peixe, frango, carnes vermelhas e vísceras.

Para que a alimentação cumpra o requisito de satisfazer as necessidades sociais do indivíduo, convém consumir produtos da estação, pois são muito mais baratos e duram mais tempo. A disponibilidade de frutas e verduras da estação depende da área geográfica e das condições climáticas, e será necessário fazer adequações de acordo com as características próprias de cada localidade.

Ferro

- Alimentos de origem animal: fígado, chouriço, carnes vermelhas, ovo e mariscos.
- Leguminosas: feijão, lentilhas, favas e grãos-de-bico secos.
- Verduras: pimentas secas, tomate-cereja, abobrinha redonda, cogumelos, espinafre, couve-de-bruxelas e acelga.
- Outras: frutas secas, amendoim e nozes.

Vitamina C

- Verduras (principalmente cruas): pimenta, couve-de-bruxelas, pimentão vermelho, couve-flor, brócolis, pimenta seca, ervilhas e tomate-cereja.
- Frutas: goiaba, caju, kiwi, manga, limão, mexerica, mamão papaia, morango, toranja, laranja e melão.

Vitamina A

- Verduras: pimentas secas, cenoura, tomates, acelga, tomate cereja, espinafre, agrião e abóbora amarela.
- Frutas: manga, damasco, melão, mexerica, caju, banana, ameixa, goiaba, figo, amora, abacate e graviola.

Fibra dietética

- Cereais: cevada, farelo, aveia, farinhas integrais, pão e cereais integrais.
- Verduras: brócolis, couve-de-bruxelas, couve, cenoura, couve-flor, milho, ervilha e espinafre.

→

- Frutas: damasco, banana, amora, figo, goiaba, pera, laranja e toranja em gomos.
- Leguminosas: feijão, lentilhas e amendoim.
- Outros: fruta seca de damasco ou pêssego, ameixa seca, passas, amêndoas e nozes.

Cálcio

- Alimentos de origem animal: queijo, leite, iogurte, camarão de água doce, sardinhas e anchovas.

Ácido fólico

- Alimentos de origem animal: fígado e outras vísceras.
- Verduras: agrião, espinafre, alface, aspargos, beterraba, acelga, alcachofra, brócolis, couve-flor, ervilha, alho-poró, abacate e couve.
- Frutas: laranja e banana.

Recomendações para a preparação, consumo e conservação de alimentos

Preparação

- Utilizar água fervida ou filtrada e conservá-la em recipientes limpos e tampados.
- Consumir leite pasteurizado, fervido ou evaporado. O leite que se acabou de ordenhar deve ser fervido sem exceção.
- Cozinhar ou fritar bem os peixes e mariscos.
- Consumir a carne bovina ou suína bem cozida.

→

Utensílios

- Evitar o uso de utensílios de barro vidrado para cozinhar ou conservar alimentos, já que contêm chumbo.

Higiene

- Lavar as mãos com água e sabão antes de preparar os alimentos e de comer.
- Evitar tossir e espirrar sobre os alimentos ao prepará-los.
- Lavar bem e esfregar vigorosamente as frutas e verduras com água limpa.
- Desinfetar as frutas e verduras que não se pode esfregar. Lavar as verduras folha por folha, debaixo de água corrente.
- Limpar os grãos e sementes secos e lavá-los bem.
- Lavar em água corrente as carnes e os ovos antes de cozinhá-los.
- De preferência, consumir os alimentos logo após cozinhá-los.
- Manter no refrigerador ou em um lugar fresco e seco, em recipientes limpos e tampados, as sobras de alimento que não serão consumidas no momento. Antes de consumi-las, esquentá-las até que fervam.
- As latas devem ser descartadas quando estiverem estufadas, amassadas ou enferrujadas.

→

Produtos com elevado conteúdo de sódio, açúcar ou gordura

Sódio

- Sal de mesa, com alho, cebola, aipo etc.
- Amaciador de carne.
- Produtos enlatados em salmoura (verduras).
- Salgados industrializados fritos.
- Caldo em pó ou cubos e temperos.
- Molho de soja, inglês e ketchup.
- Fermento e bicarbonato de sódio.
- Carnes e peixes salgados, bacalhau, carne-seca, carne de sol.
- Embutidos e carnes frias.

Açúcar

- Açúcar branco e açúcar mascavo.
- Mel de abelha, melado (milho, arce ou maple, entre outros).
- Geleias (de frutas).
- Pós para preparar refrescos e bebidas para esportistas.
- Doces, chocolates e frutas cristalizadas.
- Pastéis e salgados.
- Cereais industrializados e doces.
- Leite condensado e doce de leite queimado com açúcar.

→

Gorduras e óleos

- Manteiga vegetal e de banha de porco.
- Óleos vegetais (girassol, soja, cártamo, milho etc.).
- Manteiga e margarina.
- Maionese e molhos para salada.
- Embutidos e carnes frias.
- Toucinho e torresmo.
- Creme de leite e queijo cremoso.
- Salgados industrializados fritos.
- Chocolates.
- Pés de frango, gordura que acompanha as carnes etc.

Cuidados com o que seu filho leva para a escola

Pesquisas realizadas em diversos países do mundo coincidem em sinalizar que as crianças que vão à escola sem ter tomado café da manhã apresentam menor rendimento escolar e tendem a sentir-se fatigadas em menos tempo que as crianças que tomam um café da manhã completo. Por isso, é importante ter cuidado especial com o lanche que enviamos de merenda.

Isabel Margain, mãe de Ana, de 11 anos, Fabián, de 9 e Sebastián, de 6, afirma que sofre todos os dias por não saber o que preparar para o recreio das crianças.

"Todas as manhãs, além de levantar de bom humor, tenho que lidar com todo tipo de correrias matutinas: meu marido, os uniformes, o café da manhã, o automóvel do vizinho que atrapalha minha saída etc. Quando chega a hora de preparar os alimentos para o recreio, coloco qualquer coisa nas lancheiras das crianças, porque não me ocorre nada, nem tenho tempo de preparar-lhes algo especial."

Juan Delgado, especialista em nutrição, assegura que entre os 2 e 13 anos, quando as crianças estão em etapas pré-escolar e escolar, suas necessidades alimentares se satisfazem com uma dieta equilibrada e torna-se desnecessário recorrer aos complementos vitamínicos. Contudo, um lanche no meio da manhã pode ajudar a recuperar a energia e a força que requerem no cotidiano.

"As mães não devem ver o lanche como um substituto do café da manhã. Eu, como pai, escutei mais de uma pessoa dizer: 'se a criança não quer tomar café da manhã, não tome, coma sua merenda e pronto'. Pensar assim é um grave erro, uma vez que, para que o pequeno tenha o rendimento esperado, necessita de um café da manhã completo e adequado."

Leticia Marván concorda e afirma que um café da manhã nutritivo é necessário. "O almoço escolar, também conhecido como refeição leve, lanche ou merenda, favorece o fornecimento de energia de que as crianças necessitam durante sua jornada escolar, mas nunca é indispensável". Georgina Montero conta que, no jardim de infância em que estudaram suas filhas, a hora da merenda, mais do que um momento para se alimentar, era a oportunidade para que as crianças aprendessem a comer, preparar a mesa, lavar as mãos e compartilhar os alimentos com seus colegas.

> **Um lanche no meio da manhã pode ajudar a recuperar a energia e a força que necessitam no cotidiano**

"As professoras sempre nos recomendavam que enviássemos as crianças com um café da manhã bem tomado", recorda.

Marván explica que a merenda deve ser nutritiva e pouco abundante:

> Se na noite anterior as mães dedicarem alguns minutos para planejar o que mandarão a seus filhos, evitarão que esta decisão se transforme em uma batalha com as crianças para a escolha dos alimentos, justo quando chega o momento de sair para a escola. Por outro lado, se o planejamos com antecipação e nossos filhos são maiores de 3 anos, eles mesmos poderão nos sugerir diferentes alimentos.
>
> Envolver a criança na escolha é muito aconselhável, já que, ao convidarmos o filho a participar da decisão, fomentamos nele hábitos alimentares adequados e o ensinamos a ser responsável por suas próprias decisões.

A lanchonete escolar

Muitas vezes temos escutado as mães se lamentarem de que as crianças chegam sem fome em casa depois da escola. A que isso se deve? A maioria das mães entrevistadas coincide em culpar a lanchonete da escola, que vende guloseimas de todo tipo, bebidas e pães sem a supervisão dos professores ou encarregados.

Todos nós, pais, sabemos que, em geral, a lanchonete escolar pouco contribui para a alimentação sadia das crianças. Por isso, e para evitar que nossos filhos consumam em excesso os produtos vendidos na lanchonete, os especialistas sugerem que os despertemos uns minutos antes da hora a que estão habituados e sirvamos um café da manhã abundante.

> Devemos evitar que nossos filhos consumam o que é vendido na lanchonete da escola. Esses produtos estão muito longe de conter nutrientes adequados, porque são constituídos essencialmente de carboidratos

"Minha filha dificilmente toma um copo de leite ou uma vitamina. Essa é a razão pela qual, além de enviar-lhe um lanche, dou dinheiro. Assim, se desejar algo daquilo que seus colegas comem, não ficará com vontade", expõe Virginia Ponce, mãe de Paloma, de 10 anos.

O doutor José Novoa, em seu livro *¿Qué debe comer mi hijo?* (O que meu filho deve comer?), assinala que muitas crianças tomam muito mal o café da manhã e chegam a consumir o que é vendido na lanchonete da escola. Esses produtos estão muito longe de conter nutrientes adequados, porque são formados essencialmente por carboidratos.

"Há que se propor uma solução, uma vez que estamos criando crianças desnutridas, mesmo que não se note. Em sua alimentação diária, faltam quantidades adequadas de proteínas, minerais e vitaminas. Se nenhuma criança consumisse guloseimas ou bebidas adocicadas dentro da escola, além de evitar problemas na alimentação infantil, haveria uma redução importante na frequência da cárie e a economia seria fomentada".

Perguntas

Devemos analisar por que, em certos casos, é tão difícil nossa relação mãe-filho na hora de comer.

1. Qual é a idade das crianças? Talvez se encontrem em uma etapa na qual o mais importante para elas é explorar o que há ao redor em vez de sentar-se e comer.
2. Temos pensado nos hábitos alimentares de nossa família? Isso não está afetando o modo de alimentação da criança?
3. Gostamos de dar de comer aos nossos filhos ou esses momentos representam um aborrecimento?
4. Temos revisado de maneira franca nossos próprios gostos alimentares?
5. Quando vamos ao supermercado, levamos uma lista ou vamos colocando no carrinho o que nos vem à cabeça ou acreditamos estar em falta?

6

As enfermidades da alimentação

A obesidade

Muitas pessoas sofrem de obesidade, situação que tende a se agravar e a afetar, geralmente, pessoas de recursos escassos.

Se, na década de 1980, 1 em cada 10 pessoas sofria de problemas de sobrepeso, atualmente a porcentagem aumentou até alcançar 40% e 50%, de forma que, hoje em dia, a obesidade é considerada um grave problema de saúde pública.

É necessário mudar os hábitos alimentares e fazer atividade física, porém atualmente a maioria da população consome *junk food* e refrigerantes, ou seja, muitos carboidratos e pouca fibra.

As estatísticas mostram um aumento de casos de crianças e jovens com obesidade, o que, no parecer dos especialistas, se relaciona diretamente com o sedentarismo provocado pela popularização dos *videogames*, o desenvolvimento da internet para crianças, assim como a televisão. Há alguns anos, as crianças dedicavam mais tempo a jogar futebol ou correr, mas atualmente preferem passar o tempo sentadas diante da televisão, do computador ou jogando Game Boy (*videogame* sem fio), o que repercute em sua saúde.

Além da obesidade, cada vez mais crianças e jovens sofrem de hipertensão e outras enfermidades relacionadas com o sobrepeso.

Em seu artigo "Cuidado com o coração de nossos filhos!", Kati Szamos assinala que o fato de a maioria das crianças ter uma alimentação muito rica em gorduras animais começa a acarretar problemas cardíacos desde pequenas.

"A maioria das crianças come muitos embutidos, ovos e um verdadeiro arsenal de alimentos fritos (desde as frituras de salgados, até batatas, carnes, verduras, massas e arroz frito, entre outros).

Também bebem litros e litros de leite integral. O denominador comum dessa alimentação é a grande quantidade de gorduras animais, o que constitui a primeira causa dos altos níveis de colesterol no sangue. Tais níveis associam-se com a formação de pequenas placas nas artérias, que, ao engrossarem, obstruem paulatinamente o fluxo de sangue ao coração. O resultado posterior é um infarto do miocárdio."

A especialista explica também que, apesar de as crianças não sofrerem infartos, estudos recentes demonstram que, com o passar dos anos, os níveis de colesterol vão crescendo. Por isso, muitos pediatras solicitam uma análise de colesterol a seus pacientes de 10 anos.

"Minha filha, de 8 anos, está com seis quilos acima do peso, e, ainda que isso não seja tão preocupante agora, não sei o que vamos fazer em três ou quatro anos, quando ela começar a ter ciência de seu sobrepeso", expõe Marcela Gómez, mãe de Itzel.

Os pediatras afirmam que as crianças com sobrepeso têm muitas probabilidades de se tornar adultos com problemas de obesidade. Quantos de nós não conhecemos pelo menos uma pessoa obesa que padeça de diabetes, enfisema pulmonar, alto colesterol, câncer ou hipertensão?

Um estudo publicado na revista da Associação Médica Norte-Americana indica que na União Norte-Americana (Canadá, Estados Unidos e México) 22% das crianças latinas e afro-americanas têm sobrepeso, enquanto as crianças de outros grupos étnicos alcançam 12%. O autor da pesquisa, o doutor Richard S. Straus, pediatra da Universidade de Nova Jersey, atribui essa explosão de obesidade infantil a uma alimentação com alto conteúdo de gordura e lanches rápidos. As refeições na mesa de casa são sempre mais sadias que as que se compram em restaurantes de *fast-food*, afirma Straus.

Esse problema diz respeito a toda família e é importante limitar o tempo que se passa na frente da televisão, do computador e dos *videogames*. Também é importante que os pais revisem seus hábitos alimentares e que apoiem os menores a conseguir uma redução de peso. O processo será mais rápido e fácil se a família ajudar, por exemplo, mudando os hábitos alimentares e praticando algum tipo de exercício ou atividade ao ar livre com regularidade.

Bridget Swinney afirma que a infância está marcada por três períodos críticos de desenvolvimento, nos quais algumas mudanças na gordura corporal podem aumentar o risco de obesidade em épocas posteriores da vida.

O período pré-natal. Diversas situações durante a gravidez podem afetar o peso do bebê ao nascer, como, por exemplo, um escasso desenvolvimento do bebê durante o último trimestre da gravidez ou problemas de saúde da mãe, como a diabetes.

Dos 4 aos 6 anos. Nesta fase, conhecida como rebote de adiposidade, a gordura corporal diminui até um mínimo antes de aumentar novamente até a idade adulta. Alguns estudos realizados sugerem que as dietas ricas em proteínas e calorias que se seguem durante esses anos originam maior quantidade de gordura corporal aos 8 anos. Igualmente, assinalam que o consumo excessivo de alimentos pode dar lugar a um armazenamento adicional de gordura.

Adolescência. Durante esses anos, a gordura corporal aumenta nas meninas e diminui nos meninos. Nelas, tais aumentos podem refletir o peso que alcançarão na vida adulta.

Szamos recomenda manter sob controle o consumo total de colesterol, abaixo dos 300 mg diários, em crianças e adolescentes. "O que se mostra conveniente é incluir na alimentação diária dos filhos quantidades pequenas de gorduras (ver o quadro seguinte) e combiná-las com abundante quantidade de fruta, verdura, cereais e leguminosas."

Os especialistas recomendam substituir o desejo por comidas industrializada por cenouras ou pepinos, que não têm um grama de gordura, mas sim muita fibra. Também sugerem preparar uma salada com verduras cruas antes da refeição. Isso ajudará a diminuir a fome e a consumir menos quantidade de comida. Valeria a pena substituir os temperos e molhos por suco de limão e umas gotas de azeite de oliva. Devemos recordar que os pais que comem de modo saudável são excelentes modelos para os filhos.

Conteúdo de gorduras totais e colesterol nos alimentos de que as crianças mais gostam

Alimentos com alto teor de gorduras	Tamanho da porção	Gordura em gramas
Óleo vegetal	1 colher	15
Tempero cremoso	2 colheres	12
Creme de amendoim	1 colher	10
Espaguete com queijo	1 xícara	22
Hambúrgueres	90 gramas	15
Sorvete	1 xícara	14
Cachorro-quente	1 unidade	15
Leite integral	1 xícara	8
Manteiga	1 colher pequena	4
Margarina	1 colher pequena	4
Maionese	1 colher	12
Batata à francesa	1 xícara	12
Queijo cremoso	1 colher	5

Alimentos com alto teor de colesterol	Tamanho da porção	Quantidade de colesterol em miligramas
Hambúrguer	120 gramas	70
Sorvete	1 xícara	55-85
Ovo	1 unidade	275
Panqueca	1 fatia	123
Frango frito	1 unidade	185

Fonte: Szamos, Kati, "Cuidado com o coração de nossos filhos!", Para educar, núm. 3, dezembro de 1996.

O doutor Novoa assegura que o adulto necessita reconhecer e aceitar a responsabilidade que tem consigo mesmo e com as pessoas que dependem dele para se manter em ótimas condições de saúde. "Na medida em que sejamos conscientes dessa responsabilidade, poderemos influenciar no cumprimento dos requisitos que exigem uma boa alimentação infantil."

Se quisermos contribuir com a melhoria da saúde de nossos filhos, é necessário seguir várias regras:

- mudar os hábitos alimentares;
- comer mais devagar;
- desenvolver novas rotinas e consumo de alimentos não gordurosos;
- evitar refeições rápidas ou *junk food*;
- reduzir porções e consumir menos calorias;
- incrementar a atividade física; caminhar é muito bom;

- ter um estilo de vida ativo;
- saber o que a criança come na escola (é comum que lá sejam vendidos alimentos gordurosos ou açucarados).
- fazer refeições familiares em lugar de jantares na frente da televisão;
- não usar a comida como prêmio;
- limitar petiscos, refrigerantes e comida de rápido preparo;
- evitar o uso de pílulas para perder peso.

Finalmente, recordemos que, se vamos submeter nosso filho a um regime nutricional, é necessário que este seja estritamente controlado pelo pediatra ou algum médico especialista.

A limpeza bucal preventiva consiste em uma adequada escovação dos dentes depois de cada refeição ou depois de ter ingerido alguma guloseima

Recomendações para o cuidado bucal

- Alimentos saudáveis para os dentes: atum, frutas secas, ovos duros, leite, manteiga de amendoim, cenouras, aipo, brócolis e abacate.
- Para ajudar a prevenir os problemas dentais, pode-se usar um corante vegetal inofensivo, chamado revelador de placa bacteriana, que marca com um tom mais escuro

→

os lugares onde não se fez uma boa limpeza. Alguns dentistas afirmam que é melhor uma boa escovação por dia empregando esse revelador do que várias limpezas precipitadas e incorretas.

- Vigiar o consumo de flúor das crianças. Perguntar ao médico se não é necessário dar à criança algumas gotas.
- Não esquecer que a função do flúor é a de reforçar o esmalte dos dentes e torná-los mais resistentes às cáries.
- Começar a escovação dos dentes das crianças o mais cedo possível, entre os 2 e 3 anos, já que, segundo as estatísticas, aos 3 anos 90% das crianças ocidentais apresentam cáries e afecção das gengivas em sua fase inicial. Aos 12 anos, 20% de seus dentes têm cáries, foram obturados ou, ainda, os dentes já foram extraídos.
- Os dentes permanentes começam a crescer por volta dos 6 anos. Não devemos esperar até que a criança complete essa idade para visitar o dentista. Temos de lembrar que os dentes de leite são muito importantes, e uma cárie pode produzir dor e até mesmo infecção.

Fonte: *Aprendamos juntos*, núm. 4, México, 1999.

Dentes sãos, sorrisos bonitos

Os dentes de nossos filhos são tão importantes quanto seu estômago, cérebro, ou qualquer outro órgão. Apesar da importância da dentição, muitos pais decidem não se preocupar com ela até que nasçam os dentes definitivos.

A limpeza bucal preventiva consiste em uma adequada escovação dos dentes depois de cada refeição ou depois de ingerir alguma guloseima. Certamente, a alimentação da criança é um fator-chave na saúde bucal. Não se deve esquecer que os dentes, ainda que sejam de leite, adoecem por cáries, e existem estatísticas que documentam que essa enfermidade é uma das mais frequentes na população mundial.

Segundo Adriana Cao Romero, dentista infantil especializada, os pequenos devem ir ao dentista a partir dos 2 anos para que o primeiro controle dental seja feito.

> Nessa visita inicial, são feitas uma avaliação dos dentes e das possíveis cáries, uma limpeza geral e aplicação de flúor para fortalecer o esmalte. Explica-se aos pais o tipo de higiene que devem seguir. A partir dessa idade, são necessárias as revisões e limpezas dentais a cada seis meses. Muitos pais têm uma ideia de que, como os dentes de leite são temporários, não é necessário prestar muita atenção neles. Entretanto, isso é um erro. Os dentes de leite são necessários para a criança, cumprem uma função, e a falta de cuidado pode produzir infecções ou dor.

A cárie é a enfermidade dental mais comum na população infantil.

Um dente é formado, primeiro, por uma parte não calcificada; depois vem a polpa e, finalmente, duas partes não calcificadas: a dentina e o esmalte. As cáries são uma desintegração do esmalte e da dentina.

Os especialistas estimam que 7 em cada 10 crianças sofrem de cáries

A superfície dos dentes está coberta pela placa dental que, por sua vez, é formada por bactérias, proteínas e carboidratos.

Quando, na superfície de um dente, se produz a interação das bactérias e dos carboidratos fermentáveis (estes são os açúcares ou amidos que podem ser degradados pelas bactérias que habitam a boca), as bactérias produzem ácidos que começam a desmineralizar ou degradar o esmalte dental. Isso pode produzir uma cavidade ou cárie no interior do dente.

O único elemento da dieta que pode ajudar a prevenir as cáries é o flúor, obtido diretamente da água, ainda que muitos pediatras sugiram que os bebês devem ingerir uma gota desse mineral.

Segundo uma publicação médica espanhola, as cáries dentais são contagiosas nas crianças por meio dos talheres, copos, chupetas, doces e todos os objetos que as crianças costumam introduzir na boca.

A *Estreptococo mutans* é uma bactéria estranha à flora bucal, mas é encontrada em grandes quantidades nas crianças e acredita-se que 7 em cada 10 pequenos tenham os dentes marcados devido à sua ação. Os pediatras afirmam que, como é praticamente impossível que as crianças de 1 a 4 anos deixem de levar diferentes objetos à boca, é necessária uma higiene bucal cuidadosa e constante.

O doutor José de Jesús Tizcareño afirma, com relação à influência dos alimentos nos problemas dentais, que é preciso vigiar, em especial, os carboidratos que podem se fermentar na boca, como o açúcar simples e amidos encontrados no pão e nas massas.

"Existem outros fatores que também podem produzir cáries, como a frequência com que os dentes da criança se expõem a esses carboidratos e o tempo que transcorre entre o momento em que a criança termina de comer e escova os dentes. Devemos cuidar para que esse período não seja maior que 30 minutos. O consumo de guloseimas entre as refeições e a ingestão noturna de alimentos pode facilitar o desenvolvimento de cáries, já que são momentos em que se produz menor quantidade de saliva. Os alimentos pegajosos são especialmente danosos para o esmalte dental. É preciso vigiar as crianças para que sejam cuidadosas com o asseio bucal. Elas agradecerão quando crescerem", recomenda o especialista.

Muitas mães sabem que permitir que as crianças durmam enquanto estão mamando também não é muito saudável para os dentes em formação, pois o constante gotejamento na boca vai deixando açúcares, que são os geradores de cáries.

Anorexia e bulimia

A anorexia e a bulimia são transtornos da alimentação, cuja ocorrência tem aumentado de maneira notável nos últimos tempos. Os médicos afirmam que são mais frequentes nas mulheres, em especial as adolescentes, ainda que também tenha aumentado a frequência em homens e mulheres de diversas idades.

As últimas descobertas de pesquisas realizadas nos Estados Unidos demonstram que, nas adolescentes que comem quatro porções de frutas ao dia, é detectada menor quantidade de gordura corporal que nas adolescentes que consomem menos frutas. Quatro porções de frutas equivalem a duas bananas ou uma maçã, uma laranja, um kiwi e um pêssego.

SWINNEY

A anorexia nervosa tem como característica principal rejeição a comer, apesar de a pessoa sentir fome. A pessoa está obcecada por manter o peso mínimo recomendado para a idade, estatura e biótipo. A pessoa afetada sente medo intenso de se tornar obesa, mesmo quando seu porte é menor do que o considerado normal. Quer dizer, há uma alteração na percepção pessoal de peso, tamanho e forma do corpo.

Também se apresenta uma perda de, pelo menos, três períodos menstruais consecutivos (o que também se conhece por amenorreia).

A bulimia se caracteriza pelo desenvolvimento de episódios recorrentes de ingestão voraz e descontrolada de alimentos. Existe, além disso, uma sensação de perda de controle com relação ao alimento. Para evitar o aumento de peso e o sentimento de culpa, as pessoas provocam vômito, utilizam laxantes e diuréticos, jejuam e praticam exercício em excesso. Sua autoestima se baseia em sua silhueta, seu biótipo ou seu peso corporal.

Para que se considere um transtorno de alimentação, os episódios de ingestão voraz devem aparecer pelo menos duas vezes por semana durante três meses.

Pesquisas realizadas afirmam que 90% dos que sofrem de anorexia e bulimia são mulheres entre 12 e 35 anos, que estão submetidas a uma grande pressão para satisfazer certo ideal de beleza que a moda impõe com rigor e sem considerações. Nos rapazes ocorre em menor escala, mas também existem muitos casos.

Atualmente, está na moda exibir uma figura esbelta, o que tem feito muitas adolescentes e jovens – em seu afã por conservar uma silhueta delgada, como as que são apresentadas nos meios de comunicação de massa – adotarem dietas e hábitos alimentares inadequados, que põem em perigo sua saúde e sua vida.

Da mesma forma, os especialistas encontraram fatores familiares que influenciam diretamente nos problemas de anorexia e bulimia. Por exemplo, 40% das meninas entre os 9 e 10 anos tratam de perder peso por recomendação das mães.

Por outro lado, as mães de menores anoréxicos tendem a interferir excessivamente na vida de seus filhos, enquanto as dos bulímicos são críticas e distantes.

Não esqueçamos que uma boa alimentação deve ser completa e suficiente, quer dizer, conter todos os nutrientes em quantidades necessárias. Também deve ser variada, já que nenhum alimento contém, por si só, todos os nutrientes de que o organismo necessita.

Uso dos grupos na alimentação ideal

O modelo de alimentação idônea inclui três conceitos ou regras básicas. Em cada tipo de refeição (café da manhã, almoço e jantar), a alimentação de todos os membros da família deve incluir o seguinte:

- **Frutas e verduras suficientes.** Além de ser fonte de vitaminas e minerais, compõem um recurso para alcançar uma dieta chamativa e variada. É importante prepará-las imediatamente antes de servi-las e, se cozidas, fazê-lo com pouca água ou a vapor, para diminuir a perda de nutrientes.
- **Uma combinação de cereais com leguminosas.** Ao serem digeridos juntos, complementam suas proteínas, o que melhora a qualidade da alimentação. Formam o suporte energético da dieta (contribuem com mais de 60% da energia total). São preferíveis os cereais integrais, porque proporcionam fibra dietética. Os tubérculos, como batata e batata-doce, podem ser substituídos pelos cereais e derivados.
- **Uma pequena quantidade de algum alimento de origem animal.** Esse tipo de prato tem a desvantagem de ser fonte de gorduras saturadas e colesterol. Além disso, ao cozinhá-los, acrescenta-se a eles mais gordura, sal e condimentos. Sua presença em cada refeição é importante para complementar o valor nutritivo, mas devem ser em pequenas quantidades, para que o organismo não seja afetado. A alimentação ideal exige não abusar do consumo desses alimentos para evitar ou diminuir problemas de saúde.

Recomendações para uma alimentação adequada

Além das três regras básicas anteriores, é importante:

- aumentar o consumo de fibra dietética proveniente de cereais integrais, frutas e verduras;

→

- preferir os óleos vegetais às gorduras animais, uma vez que, além de serem mais simples de assimilar e aproveitar, previnem algumas enfermidades crônicas e degenerativas;
- escolher alimentos frescos em lugar dos industrializados, como os enlatados e pós para temperar, entre outros. Os alimentos naturais são mais baratos, nutritivos e não representam riscos para a saúde. O peixe é um bom alimento e deve substituir a carne pelo menos uma vez por semana;
- diminuir o consumo de alimentos com alto conteúdo de gorduras e colesterol, já que podem produzir danos à saúde, pois incrementam o risco de infartos ou embolias por acúmulo de gorduras nas paredes arteriais;
- diminuir o consumo de sal. Em excesso, o sal tende a produzir retenção de líquidos no organismo, o que causa hipertensão arterial, que afeta o coração;
- evitar o consumo de produtos industrializados: petiscos, salgados, doces e refrescos, pois são nocivos ao organismo. Os açúcares que esses produtos contêm carecem de valor nutritivo e propiciam a obesidade. Além do mais, deixa-se de comer outros produtos que são, na verdade, necessários.

Fonte: Fabíola González, *La alimentación idônea*. (http://www.medicoweb.net/fabiolagonzalez/)

40% das meninas entre 9 e 10 anos tratam de perder peso por recomendação das mães

Perguntas

A alimentação é uma de nossas principais aliadas para a saúde de nossos filhos.

1. Padecemos de sobrepeso ou estamos em forma?
2. Temos refletido sobre as causas que provocam anorexia ou bulimia nos adolescentes?
3. Quantas horas nossos filhos passam diante da televisão, do computador ou de *videogames*? Não seria melhor levá-los para correr ou caminhar?
4. Quando nossos filhos estão sentados à frente da televisão, assistimos com eles a propagandas sobre comida pouco nutritiva e muito atrativa? Falamos com eles sobre isso?
5. Temos nos preocupado com os dentes de leite, assim como com a saúde bucal de nossos filhos?
6. Consideramos que seria importante conversar constantemente com nossos filhos sobre nutrição e exercícios? Transmitimos um bom exemplo?

Bibliografia

BURROWS, Raquel. *Nutrientes esenciales, calorías por edad.* <www.learninghouse.cl/news/news>, consultado em abril, 2002.

MALDONADO DURÁN, Martin; SAUCEDA-GARCÍA, Manuel. "Evaluación clínica y tratamiento de los problemas de alimentación", artigo publicado em Lartigue Teresa, Maldonado Martin y Avila Hector (coordenadores), *La alimentación en la primera infancia y sus efectos en el desarrollo.* Editado pela Asociación Psicoanalítica Mexicana, A.C. y Plaza y Valdes Editores, 1. ed., México, 1998.

MARVÁN, Leticia; PÉREZ DE GALLO, Ana Bertha. *Dietas normales y terapéuticas, los alimentos en la salud y en la enfermedad.* La Prensa Medica Mexicana, 1996.

MINDELL, Earl. *Todo sobre las vitaminas y la alimentación para los niños.* Grupo Editorial Eac, Espanha, 1995.

MOLONEY, Kathleen. *Cómo alimentar a sus hijos.* Grupo Editorial Norma, Colombia, 1991.

NOVOA, José. *¿Qué debe comer mi hijo?* Editorial Diana, 1. ed., México, 1981.

PLAZAS, Maité. "Que los niños aprendan y disfruten de una buena alimentación", artigo publicado em *Cuadernos de Nutrición*, México, mar.-abr. 1995.

SATTER, Ellyn. *Child of mine*. Bull Publishing Company, USA, 2000.

SWINNEY, Bridget. *Comidas sanas, niños sanos*. (Healthy foods for healthy kids), Meadowbrook, USA, 1999.

SZAMOS, Kati. "¡Cuidado con el corazón de nuestros hijos!", revista *Para educar*, n. 3, dez. 1996.

____. *Nutrición Infantil. Cómo lograr que los niños coman bien*. Editorial Yug, 3. ed., México, 2001.

WILLIAMS, Roger J., *Nutrición contra las enfermedades* (Nutrition against disease). Bantam, USA, 1978.

Impressão e acabamento:
GRÁFICA AVE-MARIA